橋本拓也

# 部下をもったらいちばん最初に読む本

人と組織のパフォーマンスを
最大限に引き出す仕事術

ACHIEVEMENT
PUBLISHING

あなたは

**マネジメントの無免許運転**を

していませんか？

チームや組織や企業は、
よく**「バス」**に例えられます。
行き先や目的地があり、
人が乗ってくることもあれば、
降りていくこともあります。

そして、マネジャーとチームメンバーの関係性は、
バスの運転手と乗客に似ています。

**チーム・組織を「バス」**とするなら、
**マネジャーは「運転手」**、
**メンバーは「乗客」**です。

ですが、1つ問題があります。
運転手であるマネジャーは
**無免許運転**をしています。

普通の運転免許証は持っていますが、
**バスを運転するための免許証は持っていない**のです。

マネジャーになる人の多くは
「優れたプレイヤー」だった人です。

ですが、優れたプレイヤーが
**「優れたマネジャー」**になれるかどうかは別の話です。

**プレイヤーとしての免許証**と
**マネジャーとしての免許証は別**なのです。

**マネジメントは「技術」が9割**です。

技術ですから、教習所にさえ通えば
誰でも今日から習得可能です。

そのための**履修科目**が
**「リードマネジメント」**です。

リードマネジメントの技術は5つです。

「リーダーシップの技術」
「個人の成長支援の技術」
「水質管理の技術」
「委任する技術」
「仕組み化する技術」

5つの技術を習得すれば
あなたのチームで働くメンバーはみるみる成長し、
目標達成していきます。

そして、**組織パフォーマンスを最大化**
させることができ、
しかも、**好業績と良好な人間関係を両立**できます。

**「優れたマネジャーになるための免許証」**は
本書を読むことで手に入れることができます。
ぜひ免許皆伝を目指してください。

# 部下をもったら
# いちばん最初に読む本

橋本拓也

## ◎メンバーはいつの間にかマネジャーにとっての「駒」になる

「人がまったく育たない」「マネジメントは難しい」「マネジメントは疲れる」——。

これは10年前、私の中で常に反芻していた〝心の声〟です。

当時の私は、マネジメントに最も苦労していた時期でした。そんな私に対し、当時の上司だった人が面談時に言った言葉があります。

『橋本さんのチームは、メンバーが「橋本さんの駒」になっていますよ』

私が本格的にマネジメントに従事したのは会社に入って7年目の28歳からでした。

そこから11年目までの約5年間はまさに「マネジメントの暗黒時代」。メンバーたちとの人間関係には壁があり、メンバーが体調不良になったり、成果が上がらず部署異動していったり、果ては次々と退職をしたりしました。実際にメンバーから「私はあなたの駒ではありません」と言われたこともありました。

いつしか私自身も関わるのが怖くなってしまい、メンバーに言うべきことを言えないようになってしまいました。

結果、チームにはいつも一体感がなく、目標達成はしたりしなかったりで、メンバーの誰も幸せでないチームを作ってしまっていました。

何より私自身がいつも孤独で、忙しく、幸せを感じていませんでした。

そんな私に、当時の上司はリードマネジメントを学ぶきっかけをくれました。

『今のチームは橋本さんが主役で、メンバーが脇役になっている。脇役は決して自分から限界突破をしないから、最後まで自分で全責任を取り切ることはないと覚えておいてね。橋本さんのために素直に動いてくれてはいても、それは彼らの成長にはつながってはいないからね』

私は「では、どうしたらいいですか？」と聞きました。

すると上司は答えました。

『頭の中で追うものを変えるのよ。今の橋本さんが頭の中で追っているのは「目標達成」なのよ。そうじゃなくて「育成」を追うの。「メンバーの育成を通した目標達成」を追いなさい』

まるでハンマーで頭を殴られたような衝撃が襲いました。

当時、私はマネジャーになりたてで、何としても目標達成して責任を果たそうと必死でした。ですが、チームとして目標達成はしていても伸び悩んでいた時期で、その期間も長かったため、上司の言葉で「そこか！」と気づいたのです。

この本を読んでいる多くのマネジャー（プレイングマネジャー、中間管理職）の人の中には、もしかすると当時の私のような状態の人もいるかもしれません。

実際に私は責任を果たそうとするあまりチームのメンバーを「目標達成のための駒」として捉え、まるで将棋やチェスを打つように「手元にある駒を使ってどうやって勝負に勝つか」ばかりを考えていました。

マネジャーである以上、チームの目標に対しては真摯に向き合い、達成しようと動くのは当然のことです。チームメンバーたちにうまく動いてもらって、パフォーマンスを最大化することはマネジャーの責務と言えます。

ですが、当時の私のような状態を続けていると、仮に目標達成はできてもメンバーは体調不良や異動、退職をしてしまい、「誰も幸せにならない組織」を作り上げることになってしまいます。

そのようなマネジャーを1人でも減らすため、本書を執筆しようと考えました。

## ◎マネジメントは「技術」。誰でも習得可能なもの

申し遅れました。初めまして。
アチーブメント株式会社で取締役営業本部長をしております、橋本拓也です。
本書を始める前に少し自己紹介をさせてください。

私は大学卒業後、新卒でアチーブメント株式会社（以下、アチーブメント）に入社しました。アチーブメントが新卒採用を始めた初期に入社した新卒二期生です。
入社後には大学生キャリア支援事業の責任者に抜擢され、新規事業として家庭教師派遣事業を立ち上げ、選択理論心理学をベースにした子供教育事業を展開してきました。

その後は経営者やビジネスパーソンなどの目的・目標達成の支援を行うパーソナ

ルコンサルタントとして活動し、東日本エリア担当マネジャー、東日本エリア執行役員、２０２２年には取締役営業本部長に就任しました。

２０２４年現在では１３０人以上のマネジメントに携わりながら、同時にアチーブメントの研修講座のメイン講師も担当しています。これまで経営者や管理職、ビジネスパーソンなど受講者数は２万人を超えるまでになりました。

こうやって書いてみるとピカピカの経歴を持っているように見えますが、そうではありません。

冒頭に書いたように、私にはマネジメントの暗黒時代がありました。

「本格的にマネジメントに従事したのは会社に入って７年目から」と書きましたが、後輩指導という形でメンバー育成に関わり始めたのは入社３年目からでした。

そう考えるとかなりの期間、マネジメントに苦労してきたと言えます。

ですが、その中で「どのように問題解決すればいいのか」「どのようにメンバーと関わればいいのか」「どのようにメンバーの活動を組織パフォーマンスにつなげるのか」を常に模索してきました。

そして、これから本書でお伝えしていく「リードマネジメント」を1つひとつ身につけ、結果を出し、新卒で初の営業部門の取締役に就任することができました。今ではアチーブメントのリードマネジメント講座のメイン講師も担当しています。

リードマネジメントを学び、身につけた今、確信を持って言えることがあります。

『マネジメントは技術です。資質ではありません。技術ですから、誰でも、いつからでも習得できます！』

そして、

『マネジャーの仕事は、組織を通して自分1人ではできないことを成し遂げる素晴らしい仕事です！』

さらに、

『人が育つ、人の可能性が発揮される瞬間に立ち会える何にも代えがたい喜びを感じられる役割です！』

技術であるマネジメントを、暗黒時代を生きた私でも学ぶことで身につけることができました。ぜひ、あなたにも学んでもらいたいと思っています。

ただしそのためには、前提として読者が認識している「マネジメント」についての誤解を解いていく必要があります。

加えて、リードマネジメント実践のステップを知っていただく必要があります。

本書ではその考え方とやり方を詳しくお伝えしていきますので、まずこの時点で「マネジメントは誰もが習得できる技術であること」「プレイヤーから優れたマネジャーに移行するには段階を追った成長ステップがあること」をインストールしてもらいたいと思います。

## ◎リードマネジメントで「優れたマネジャー」へ移行する

本書でお伝えしていくリードマネジメントは、アチーブメントが行う公開講座の中でお伝えしているものではありますが、ベースとなっているのは「選択理論（心理学）」の考え方を基盤とするマネジメント手法です。

選択理論は、アメリカの精神科医である故ウイリアム・グラッサー博士が提唱した比較的新しい心理学です。提唱されてから40年以上が経った今では世界各国で普及し、カウンセリングや学校教育、組織、家庭などさまざまな人間関係が絡む環境の中で、より良い人間関係を築く手法として高い評価を得て、幅広く活用されています。

リードマネジメントとアチーブメントは切り離せない関係でもあります。リードマネジメントを最も実践してきた組織がアチーブメントだからです。

実際にアチーブメントはGreat Place to Work Institute Japanが主催する2024年版「働きがいのある会社」ランキング（従業員100－999人部門）にて、ベストカンパニーとして第2位にランクインしました。

2016年から9年連続でベストカンパニーに選出されています。

実際にアチーブメントは、社員一人ひとりが働く目的や目標を持ちながら働き、高い生産性をあげている企業体です。その結果として2023年9月決算の第36期には売上55億円、経常利益18・4億円、経常利益率29％の高利益体質の組織を実現できていますが、その大きな理由の1つがアチーブメントの育成力と言えるのです。

この背景には、リードマネジメントによる部下育成や働きがいのある職場づくりがあったことは間違いありません。

つまり、本書は机上の空論をお伝えするのではなく、実際に効果が出ている企業がその方法論をお伝えする実学書だと思ってください。

実際にリードマネジメントは次の5つの技術で語ることができます。

1. リーダーシップの技術
2. 個人の成長支援の技術
3. 水質管理の技術
4. 委任する技術
5. 仕組み化する技術

これら5つの技術を順番に習得することで、プレイヤーからマネジャーになりたてのマネジャー1年目の人でも優れたマネジャーへと成長することができます。

「採用」「育成」「定着」「組織文化づくり」「営業」「幹部育成」など、中小企業が抱える悩みは多くの企業で重なると思います。

僭越ながら、これを一歩先に経験し、解決してきたのがアチーブメントです。

その方法論を本書では余すことなくお伝えします。

マネジャー1年生やチームを活性化させたい中堅企業・中小企業のプレイングマネジャー、中間管理職のために執筆してはいますが、会社をもっと伸ばしたい、社員がイキイキと働く会社にしたいと考えている中小企業経営者にもお役に立てると思います。

どうぞ最後まで読み進めてもらえると幸いです。部下をもったら最初に読む本として、本書があなたの課題解決の一助になれば、これに勝る喜びはありません。

序章

## リードマネジメントで組織パフォーマンスを最大化する

目次

第1章

# 最優先でやるべき「リーダーシップの技術」

## 第2章

# マネジメントの両輪を回すための「個人の成長支援の技術」

第3章

## 組織効率を向上させるための「水質管理の技術」

第4章

# マネジャーが自分の仕事を実行するためのタイム・マネジメント
# 「委任する技術」

序章

# リードマネジメントで組織パフォーマンスを最大化する

## なぜ優秀なプレイヤーが優秀なマネジャーになり得ないのか？

**優秀なプレイヤーがマネジャーとして抜擢されること**は珍しくありません。

これは野球に見られるようなスポーツの世界の話だけでなく、むしろビジネスの世界では当たり前のように行われていて、スーパープレイヤーが上長から「君のような部下をたくさん作って、チームで結果を出してくれ」とミッションを与えられます。

**ですが、これが〝悲劇の始まり〟になってしまうことがよくある**のです。

伝えたことをメンバーが実行できないので成果を出せず、マネジャーからすると「どうして言う通りにやらないんだ」「どうして成果を出せないんだ」というジレンマが生まれてしまいます。

メンバー側も「どうして怒られなきゃいけないんだ」となって、マネジャーとメンバーの人間関係はギクシャクし、どんどん悪化してしまいます。それほど時間がかからずに嫌われてしまい、メンバーはパフォーマンスが上がらず、チームの状態も最悪になってしまうでしょう。

**原因はシンプルです。マネジャーになったときに我流で教えてしまうから**です。

本来であれば「相手の願望や適性・能力を見極めながら部下を育てる」となるべきところを、結果を出してきた自分流のやり方をメンバーに教えるところからスタートします。

言い換えれば「自分自身」を量産する前提に立ってしまいます。

加えて、教えるべき仕事も自分がやってきた内容ですから、簡単に分身を作れるような気になってしまいます。

どうしてそんな気になってしまうのでしょうか？

**優秀なプレイヤーがマネジャーになった場合、過去にマネジメントを受けた経験が少ない**からです。正確に言えば、優秀なプレイヤーも当時の上司からマネジメントを施されていたのですが、本人の中でその自覚がありません。

プレイヤーでマネジャーになるような人はプレイヤー時代から主体的で、前向きで、勉強熱心で努力家です。失敗から学ぶガッツもあり、目覚ましい成果を出してきています。その分、マネジメントを受けた経験自体が少なかったりもします。

もちろん、スーパープレイヤーが結果を作ってきた自身の考え方やスキル、ノウハウ、方法論を教えることを私は否定しません。むしろ**最終的にはスーパープレイヤーの持つ経験や方法論を教えることはとても重要**です。

**ですが、それには順番がある**ことを知ってもらいたいのです。

詳しくは次章以降でお伝えしていきますが、大枠を先に言うとメンバー側が**「教えてほしい」という状態になっていること**が大前提です。

そのためのプロセスをスッ飛ばして「私の言う通りにやれ」ではメンバーは育たないのです。

## 「私のようになれ」の意識がメンバーたちを苦しめる

マネジャーがメンバーとうまくいかない原因は他にもあります。

まず、**マネジャー自身が「自分」を基準に考えてしまう**ことです。

優秀なプレイヤーからマネジャー、あるいはプレイングマネジャーになったような人はそもそも自分に自信があり、行動した結果として優秀な成績を収めます。

当然、さらに自信がつき「自分はできる人間だ」と考えるでしょう。

この自信は間違っていません。ですが、マネジャーになった以上は**「自分はすごい」の感覚でメンバーと関わってしまうのは危険**なのです。

自分がすごいと思っている状態では、メンバーが何かの結果を出したときに「私の言った通りにやったから成果が出た＝私のおかげ」と考えがちになります。

要するに、メンバーの成果を自分の手柄にしてしまうのです。

ですが、メンバーからするとこれが最もされたくないことです。せっかく成果を出したのにメンバーからすると「上司に手柄を取られた」と考えてしまいます。

もしくは、メンバー自身が出した成果に対して「上司のアドバイスがあったから成果を出せたわけで、私ひとりでは出せなかった」と自信が形成されないのです。

一方で、今度は成果を出せなかったときを考えてみましょう。

自分はすごいと思っているマネジャーが、指導のもとで行動したメンバーが成果を出せなかったときには「どうしてこいつは〝私みたいに〟できないんだ」と考えます。

結果、メンバーを責めることになってしまい、メンバーは自信を喪失するか、マネジャーに対して苦手意識や嫌悪感を持ってしまいます。

**マネジャーとメンバーでは同じ仕事をしていても同じ人間ではない**ことを、まず知ってもらいたいと思います。

ちゃんと指導したとしても、その内容をどう捉えるかはメンバー次第であり、個々によって違います。さらに受け取ったあとの行動＝やり方も違います。

メンバーはメンバーの持っている引き出しの中でしか行動できません。

当たり前ですが**マネジャーとメンバーではレベルも経験値も違うはずです。その違いの中で異なる捉え方と選択肢で行動するわけですから、最初からマネジャー側が期待する成果を100％出せるはずがない**のです。

マネジャーが「自分」を基準にメンバー育成を考えてしまうと、仮に最初はメンバーがマネジャーを「すごい人だ」と思っていても、結果的に「メンバーの自信喪失」「メンバーとの関係悪化」などが起こります。

マネジャーからすると、上長から最初に「君と同じような部下を育ててくれ」と言われているわけです。ですが、マネジャーとメンバーたちはそれぞれ別の人間ですし、違う人生を歩み、異なる勉強や知識、考え方、肉体を持っているわけです。

それを無視して**「私と同じになれ」は通用しない**のです。

## 任せられないマネジャーはメンバーからの不信感を買う

マネジャーがメンバーとうまくいかない原因の2つ目は「任せられないこと」です。

大企業の管理職でもない限り、多くの中堅企業・中小企業ではマネジャーもまたプレイヤーとして活躍するプレイングマネジャーであることが多いでしょう。

チームのリーダー職であるとしても、マネジャー自身も通常業務で成果を出す必要があり、加えてメンバーを育成して成果を出させなければいけません。


ただ、先述の通りメンバーがマネジャーと同じような成果を出せるとは限りません。

多くの場合でマネジャー以下のパフォーマンスになることもよくあるはずです。

すると、今度は仕事を任せられない状態になります。


**「誰かに任せるより、自分がやったほうが早いし、成果も大きい」「できることなら**

**自分のコピーが5人欲しい」と考えがちになる**のです。

確かに、一見すると正しく感じます。レベルも経験値も違うのですから、任せずマネジャーが仕事をしたほうが成果は出ますし、コピーが5人いれば5倍の成果が出るかもしれません。

ですが、これではチーム・組織の仕事にはなりません。

あくまでも**マネジャーはプレイヤーでありながらマネジメントを行わなければいけないので、メンバーへ上手に任せていく**必要があります。

そして、任せたあとの関わりも大切です。

マネジャーはチームの仕事の結果に責任を持たなければいけませんので、メンバーに任せっ放しにした結果、成果が出なくてもいいということはありません。

ですが、**マネジャーが手を出したときに、助けてもらった事実よりも「任せてもらえなかった」「信じ切ってもらえなかった」「私は無能なんだ」とメンバーが自己肯定感や自分への価値を下げてしまう**ケースがあります。

これは、任せたあとの関わりによって「私のほうがすごい」「あなたは無能である」ということがメンバーに伝わっているということです。

これを避けるためにも任せたあとの関わり方が重要になってくるのです。


これは私自身が同じ経験をしたので気持ちがよくわかります。

かつて、チームのメンバーに指示した仕事があり、数日経ってもメンバーは何の成果物も出してこなかったことがあります。「遅い」と感じた私は仕方なく、メンバーに任せた仕事を自分で実行し、成果物を上長に提出しました。

そのことを任せていたメンバーに事後報告すると「どうして私に任せられた仕事を勝手にやるんですか？　私も取り組んでいたのに……私の時間は何だったんですか？」と言われました。


同じようなシチュエーションがあったとき、あなたはどう返事をするでしょう？

『君が遅いから俺が代わりにやったんだろ？　むしろ感謝してくれよ』

メンバーの気持ちがわかっていないマネジャーであれば、こう返してしまうかもしれません。

マネジャー側の願望として最も大きいのは「この仕事を早く成功させたい」です。ですから、メンバーに仕事を任せて成長させるより、早く成果を出すことを優先して行動してしまいます。

ですが、それによってメンバーは成長しないばかりか、マネジャーへの不信感を募らせてしまうのです。

## マネジャーの頭の中だけに存在する「べき論」とサヨナラする

プレイヤー時代には、ここまでお伝えしたようなことがわかっていて、だからこそ任せようとしたり、メンバーの自主性を尊重しようとする人もいるでしょう。

ですが興味深いことに、なぜか**マネジャーになった途端に、かつての同僚や部下の**

**欠点ばかりが目につくようになる**ことがあります。お互いにプレイヤーとして切磋琢磨していたときは同僚も部下も尊重し合っていたのに、立場が変わることで見え方まで変わってしまうのです。

欠点ばかりが目につくと、どうしても感情的にイライラします。

そして、上司としてそのような振る舞いを隠そうと表面上は笑顔だったり、優しい言葉を使っていたとします。ですが、マネジャーのイライラは全身から〝見えないオーラ〟として放たれていて、メンバーには伝わってしまいます。

**ニコニコしていても腹の中では「どうして仕事が遅いんだ」「どうしてこんなことがわかっていないんだ」「何度言ったらわかるんだ」という不満がたまっているわけですから、その状態でコミュニケートしても相手には伝わる**のです。

結果、メンバーに嫌われるか、自信を喪失されるか、真っ向から反発されるか、陰口を叩かれるか、スネられるか、最悪の場合は部署異動や離職されてしまいます。

結果的にはマネジャー自身の上長からの評価が下がり、マネジャーの組織目標も未達成になります。

これらの**諸悪の根源はマネジャーの〝頭の中だけ〟に存在する「べき論」**です。

ここまでお伝えした「自分のような人間に育つべき」「自分と同じ結果を出すべき」「指示した通りに行動するべき」という正論が、このような事態を作り上げます。

しかも、この「べき論」はマネジャーの頭の中だけにしか存在しません。「べき論」の正体は**マネジャー個人の正しさや思い込みによって生み出されたもの**だからです。

ここで少し距離を取って、俯瞰的にイメージしてみてください。

例えば、あなた直属のチームではなく、隣のチームで次のような事態が起きているとします。マネジャーとメンバーの人間関係がギクシャクして、マネジャーはいつもイライラして部下を無能扱いしています。メンバーも明らかにマネジャーを嫌っているのが伝わってくるとします。

きっと、対岸の火事のように「まぁ大変だよね。でも、そういうプロセスがあるから人って成長するよね、もっと部下の話を聞いてみたら？」と優しく考えられるのではないでしょうか？

対岸の火事だと優しくできるのに、**自分に火の粉がかかるとイライラしてしまう原因はマネジャー個人の正しさや思い込み**であり、それを**押しつけてしまう理由はマネジャーがメンバーを「自分の所有物」だと考えているから**かもしれません。

最初にはっきり言います、この考え方は危険です。**メンバーが成果を出せなかったり態度が良くないのは、すべてマネジャーのマネジメントの質の結果**と考えるようにしましょう。メンバー自身がマネジャーからもっと学びたいと思えていないのです。

もしもメンバーのパフォーマンスが低いのであれば、それはマネジャーの責任だと考えるようにしましょう。プレイヤーとしては優秀でも、マネジャーとしてはその優秀さを発揮できていないのです。

「チームで起こるあらゆる現象は、マネジャーの心の投影」と認識しましょう。

## 今すぐ「マネジメントの無免許運転」から脱却しよう

どうして、そんな我流のマネジメントが横行してしまうのでしょうか？

理由は、会社がマネジャーに対してマネジメントを体系的に学ぶ機会を用意していないことが多いからです。

実際に私は研修をする際に毎回100人以上の参加者に質問します。

「マネジメントを体系的に学んだことはありますか？」

すると、手を挙げるのは5人もいません。このことからも、マネジメントを体系的に学んだ人がほとんどいないのは決して間違った話ではないと思います。

**マネジメントのこのような状態は〝無免許運転〟と同じ**だと私は考えます。なぜなら、かつての私がそうだったからです。

自動車教習所に行けば、最初に学科を教え、次に実技を行い、仮免許を取ったら路上教習に移ります。教官が常に隣に座って指導をし、危ないときや間違いがあるときにはブレーキを踏んで違反や事故が起こらないようにアシストしてくれます。

さらに、教習所を卒業したら免許センターへ行って試験を受けます。規定の点数をクリアしなければ免許は公布されず、自動車を運転できません（行った場合は無免許運転で取り締まられます）。

ですが、マネジメントの世界ではどうでしょうか？

社内研修や外部研修などで労務管理のための知識を教えることはするかもしれませんが、大部分では「この部下たちとチームを作って、この目標を達成しなさい。はい、スタート」でマネジメントは始まります。

**心理学や人間を育てる方法、チームをまとめる方法、業務管理の仕方といったものを教えてもらえる機会はほとんどないでしょう。ですからマネジャーたちは自分なりの運転でチームを運営していくしかない**わけです。

そんなマネジメントの無免許運転をしているマネジャーがほとんどなのです。**事故**

**が起きて当たり前**ではないでしょうか。

## ＋「マネジメントの定義」を考え直すところから始める

本書は、そんな無免許運転マネジャーを1人でも減らすための本です。

免許を取得したあとのマネジメントの運転はとても楽しいものになります。

ですから最初に、一緒に考えてみたいと思います。

そもそも「マネジメント」とは何でしょうか？


マネジメントにはさまざまな定義がありますが、一般的な経営学では「人を管理・監督すること」と言われています。

これをマネジメントされる側の立場から見ると「ずっと上から管理・監督される状態」ということになります。嬉しいことではないのは想像に難くないでしょう。

すると、**マネジメントは人がされて嬉しくないことをする行為なので、必然的にマ**

**ネジャーは嫌われてしまう**わけです。

ですが、私は本書でこの定義とは異なる考え方を持っています。

アメリカのマネジメント協会の定義では、**マネジメントとは「人を介して仕事をする技術」を意味します。メンバーを管理する仕事ではなく、メンバーを仲介して仕事＝成果を作ることがマネジメント**なのです。

一般のマネジメントの定義である管理・監督が「業務」であるのに対して、私がお伝えする**マネジメントは「スキル」です。習得可能なもの**であり、いわば本書は〝マネジメントの教習所〟のような位置づけだと思ってください。

そして、次章からお伝えしていくリードマネジメントは教習所で配布される教材だと考えてください。

リードマネジメントを実践すると最終的にメンバーも「もしマネジャーだったらどう考え、どう行動するだろう？」と自ら考えていくようになりますが、そのためにはまずメンバーに自ら「そうしたい」と思ってもらわなければいけません。

だからこそ**最初に必要なのが信頼関係であり、メンバーから「あなたが言うなら」と思われる存在にならなければいけない**のです。そうでないと人を介して仕事をすることにならないのです。

## ＋リードマネジメントの目指すべきものとは何か？

そして、**リードマネジメントが目指すものは「メンバーの成長（個々人の目的・目標達成）を通して組織パフォーマンスを最大化すること」**です。

これが**マネジメントの最終到達点**です。

ですから、マネジメントには終わりはありません。目指すのが「パフォーマンスの最大化」であり、メンバーはどこまでも成長するからです。今よりももっといい状態を目指すことを優れたマネジャーはやめません。

マネジャーはそのために日々の関わり合いをメンバーとしていくことになります。

**メンバー一人ひとりのパフォーマンスを最大限に発揮し、チームで相乗効果を作れる"水質"を管理することを追求**し続けていかなければいけません。

マネジャーにはマネジメントという仕事が与えられています。

では、未来に何が実現できれば「マネジメントが成功した」と言えるでしょうか？

その答えが「個々人の成長を通した組織パフォーマンスの最大化」なのです。

## 「選択理論心理学」をベースにしたまったく新しいマネジメント手法

前項から何度か登場した「リードマネジメント」という言葉。あまり耳馴染みがないかもしれません。

**リードマネジメントは「選択理論（選択理論心理学）」をベースにしたマネジメント手法**です。**選択理論では「すべての行動は自らの選択である」と考える**のが特徴的です。

つまり、**何かの行動を〝選択できる〟のは自分＝本人だけであり、他者がその行動を直接〝選択させる〟ことはできない**と考えるのです。

従来の心理学では、人間の行動は「外部からの刺激に対する反応」だと考えられてきました。これは「外的コントロール心理学」や「ボス・マネジメント」と呼ばれる考え方です。

ですから、部下が思うようなパフォーマンスを発揮していないときは批判したり、責めたり、罰したり、外部からの強い刺激を与えることで部下を思い通り動かし、問題を解決しようとしました。

ですが、その結果として起こるのは人間関係の破壊でした。

選択理論では「人は外部からの刺激に反応して動くのではない」と考えます。

そのため、部下のパフォーマンスが上がらないときはまず相手の話を傾聴し、受容し、励まします。その上で交渉し、問題の解決を図ります。

結果、人間関係は破壊されず、むしろ良好な状態を築くことができるのです。

前置きが長くなりました。

選択理論をベースとしたマネジメント手法であるリードマネジメントでは、**メンバーの能力が最大限発揮されるためにマネジャーが理解しておかなければいけないこと**があります。

それが**「人は何によって動くのか？」というモチベーション（あるいは行動原理）の根本的な部分**です。

答えは、**人間が生まれながらにして遺伝子レベルで持っている5つの基本的欲求です。その欲求を満たす「上質世界＝願望」を現実世界で手に入れようとして**人は動きます。

5つの欲求と聞くと「マズローの5段階欲求説」をイメージする読者もいるかもしれません。

ですが、それとは異なります。

リードマネジメントでは次の5つを遺伝子レベルの基本的欲求と定義しています。

・**生存の欲求**：安心・安定した環境にいたい、寝たい、食べたい、長生きしたい、健康でいたいという身体的な欲求
・**愛・所属の欲求**：家族、友人を大切にしたい、会社やコミュニティに所属したい、誰かと一緒にいたいといった人間関係に関する欲求
・**力の欲求**：認められたい、勝ちたい、誰かに貢献したい、達成したいといった、自分の価値を認められたいという欲求
・**自由の欲求**：誰にも束縛されず自由でありたい、自分のこだわりで決めたいといった、自分のやりたいようにしたいという欲求
・**楽しみの欲求**：人を楽しませたい、新しいことを知り自分を成長させたいといった、知的好奇心に関する欲求

読んでもらうとわかると思いますが、人間なら誰もが当たり前のように持っている欲求です。**人はこの5つの欲求が満たされると幸福を感じ、満たされないと不幸を感じます。昨今言われる「ウェルビーイング」は、まさに5つの欲求が満たされる状態と考えることもできるのではないかと思います。**この5つの欲求を満たしたいと望むのが人間であり、5つの基本的欲求を満たしてくれる上司・職場・仕事を好きになり、逆に欲求を阻害してくる上司・職場・仕事は嫌いになります。

詳しくはあとの章でお伝えしますが、**リードマネジメントはメンバーの欲求バランスと上質世界（願望）にフォーカスしたマネジメント手法**です。

いわゆる外的コントロールのマネジメントではメンバーの願望は関係なく、部下を上司の言った通りに動かそうとしますが、リードマネジメントではまずメンバー個々人の願望を知るところから始めます。

これが従来のマネジメント手法と根本的に違うところです。

## 「人間の行動メカニズム」を考え直すことが勉強のスタート

リードマネジメントを実際に行っていくためには、最初にマネジャー自身の人間の行動メカニズムに対する考え方を変えなければいけません。

従来の外的コントロールのマネジメントには、次の3つの信条があります。

- 外部から刺激を与えれば人は変わる、ゆえに人は変えられる
- 「私」が正しく「相手」は間違っている
- 私には相手を正す責任がある（正すことは道義的に良いこと）

この信条はビジネスだけでなくプライベートな人間関係でも多用されているのではないかと思います。ですが、この考え方を上司が部下に対して持つと、非常に危険な

ものになります。

なぜなら上司には部下が「間違った存在」と映るからです。

上司である自分は「正しい存在」であり、さらに「正す責任」を与えられている。

しかも、何かしらの「刺激を与えることで相手が変わる」と信じているわけです。

そうなると、上司はコントロールするために必然的に部下へ外側から刺激を与えます。しかも、しばしばこの行為は〝教育〟という言葉で正当化されます。

部下からすると、たまったものではありません。

リードマネジメントでは、まずこの信条をひっくり返します。

具体的には「**人は変えられない。でも人は変われる**」です。

**部下を外部からの刺激によって変えることはできませんが、部下自体は変わることができる**のです。リードマネジメントは「いかにして部下自身が内発的な変化を起こす手伝いができるか？」を技術化したものです。

**内発的な変化を起こすためには、本人が目的・目標を明確に持ち、自ら最善の行動を選択する**しかありません。

## ＋リードマネジメントは「モチベーション3・0」の方法論

大事なのは本人が自ら目的・目標を明確に持ち、それを満たすために行動してもらうことです。そうすることで初めて人間は変わることができます。

これをチームに置き換えてみましょう。

すると、**個々のメンバーの目的・目標が成就するよう情報提供によってサポートし、結果的にチームパフォーマンスを最大化するのがマネジャーの役割**になってきます。

ここまで読んでみて「それってモチベーションの話じゃないの？」と思った読者もいるかもしれません。その通りです。これはダニエル・ピンク氏が書籍『モチベーション3・0』の中で語っていることともリンクします。

ダニエル・ピンク氏は自著の中でモチベーションを次のように定義しています。

・モチベーション1・0：生理的動機づけと言われるモチベーションです。「空腹を満たしたい」「子孫を残したい」など人生における生命維持に必要な活動で、モチベーションの中でも根源的な要素であると言えます。

・モチベーション2・0：信賞必罰（アメとムチ）に基づく外発的動機づけのモチベーションです。がんばったら褒美を与え、失敗したら罰を与える考え方。ルーチンワーク中心の時代には有効でしたが、21世紀を迎えて機能不全に陥っていると言われています。特に絶えずインセンティブを与えなければならない、成果を求めるあまり道徳や倫理を欠いた不正リスクも生じる、創造性が損なわれるなどの問題点が指摘されています。

・モチベーション3・0：自分の内面から湧き出る「やる気！」に基づく内発的動機づけのモチベーションです。「自律性…自分の課題の解決方法を自分の意志で決められること」「成長…掲げた目標を達成するために経験を積み上達や成長に焦点を当てること」「目的…社会貢献や環境保護、会社への貢献など利他的な目的を重んじる」と定義されています。

昨今の企業の不祥事は、モチベーション2・0によるマネジメントが1つの原因となっているかもしれません。

リードマネジメントはまさに「モチベーション3・0」によるマネジメントです。

もはや**これまでの信賞必罰の外的コントロールが通用しない世の中では、マネジャーはこの考え方を取り入れ、実践していく時代になっている**のです。

## リードマネジメント実践のための5つの技術

次章より1ステップずつお伝えしていくリードマネジメントでは、実践するための5つの技術「リーダーシップの技術」「個人の成長支援の技術」「水質管理の技術」

「委任する技術」「仕組み化する技術」が存在します。
まずはその概要をお伝えしていきましょう。

**リーダーシップの技術**

**⬇第1章（67ページ）で解説**

マネジャーが**メンバーから「この人についていきたい」「この人のために一肌脱ぎたい」と思ってもらうための技術**です。マネジメントは「人を介して物事を成し遂げること」ですから、メンバーにもマネジャーと同じ判断基準で仕事をしてもらう必要があります。マネジャーの考えや言ったことを取り入れてもらい、自分事として主体的に仕事に取り組んでもらう必要があるのです。そのためにメンバーの「上質世界」に入るための技術が必要になります。

**個人の成長支援の技術**

**⬇第2章（111ページ）で解説**

**メンバー個々の目的・目標を明確にして、それを達成に導く技術**です。マネジャーはメンバーの目的や目標を明確にすることに介入しなければいけません。コントロールでも放任でもない、メンバー自身の「左手と右手」を一致させるためのナビゲートや成長支援の方法を身につけます。またここではメンバーへの「フィードバック」のための技術についても言及します。

## 水質管理の技術

➡第3章(155ページ)で解説

**チームの中に人が育つ文化を醸成するための技術**です。ここからは**1対多のマネジメント手法**です。チーム・組織が大切にしている価値観を言葉にして説明・発信していきます。感謝、応援、チャレンジなどの発言や態度がたくさん出ている状態が良い水質で、誹謗、中傷、不平、不満、不信が蔓延している状態が悪い水質です。反発を生まずに水質を良いものに変えていくための方法論もお伝えします。

## 委任する技術　⬇第4章（185ページ）で解説

**マネジャーがメンバーに任せ、本来すべき仕事をするための技術**です。本来、マネジャーがすべき仕事とは組織の「第2象限」にあたる仕事です。そのため、メンバーに仕事を委任し、成長につなげながら、時間を捻出します。生まれた時間でマネジャーは「未来につながる仕事」をしなければいけません。メンバーから不平を出さずに仕事を任せるためのポイントもお伝えします。

## 仕組み化する技術　⬇第5章（225ページ）にて解説

**人が育つ仕組みを作るための技術**です。仕組みがあることで、生きがいややりがいを感じられ、人が育ちます。会議の運営や、表彰制度、人事制度など、例としてアチーブメント内で行っているものも記載しますので、読者それぞれのチーム・組織においてフィットする方法を模索する上で参考にしてもらえればと思います。

5つの技術の中で、初めて聞く言葉も多々あったと思いますが、これらは次章から各章内にて解説をしていきます。

1つずつ習得することでマネジメントの教習所を卒業し、チームのパフォーマンスを最大化するためのマネジメントの免許証を手に入れられるはずです。

＼ 序章 ／
Check List

- □マネジャーとメンバーは違う人間であるという前提を持つ
- □メンバーの成長を通して組織パフォーマンスを最大化することを目指す
- □人は「外からの刺激に反応して動くのではない」という行動のメカニズムを理解する

Column

## マネジャーが陥りがちな3つのNGパターン

リードマネジメントを学ぶ前・学んだあとの両方で、マネジャーが陥りがちなNGパターンが3つあります。最初に注意点としてインストールしておきましょう。

1つ目が「ボス・マネジメント」です。第1章の本文内でもお伝えする外的コントロールのマネジメント方法です。世の多くのマネジャーがこのパターンです。ガミガミ言ったり責めたり罰を与えることでメンバーを変えようとします。

2つ目は「放任マネジメント」です。ボス・マネジメントではパワハラだと言われてしまう世の中になり、それを避けるために〝個々の自主性を伸ばす〟を主旨に「自分なりにやってごらん」と任せる方法です。ですが、多くの場合で放任マネジメントは「放棄」になっています。高圧的な環境はない代わりに、マネジメント自体を放棄していますので、結果が出なかったり、メンバーの成長につながりません。

あるいは、超優秀なメンバーがいればチームとして成果が出せることもあるでしょう。ですが、マネジメントが放棄されているチームなのでマネジャー自身の存在価値がありません。

3つ目は「言うべきことが言えないマネジメント」です。リードマネジメントを学ぶ過程に陥りやすい症状で「選択理論消化不良病」とも呼ばれています。

特に中間管理職で上下から板挟みにあっていると陥りがちです。最初は症状が出ないのですが、メンバーと関わってうまくいかなかったり、マネジャーが関わったことでメンバーが体調不良になったり、目標未達成が続いたりすると進行し、やがて〝メンヘラ化〟していきます。「ごめんね、僕みたいなのが上司で」「力不足で申し訳ない」とマネジャーが自分自身を責める

Column

ようになります。

選択理論消化不良病で問題なのは、本当に申し訳なく思っているわけではないことです。メンバーからの「そんなことないですよ」という発言を待っているのです。

選択理論では「人は常に自分の欲求を満たすために最善を尽くしている」という行動メカニズムがあります。「ごめんね、力不足で」の背後には「嫌われたくない」「感謝されたい」「慰められたい」があり、それを言ってもらうために最善を尽くした言動が表出しているだけなのです。

気を使う、人間関係だけを重視して成長に対する関わりを持てない、叱れない、厳しいことを言えない、言うべきことを言えない……。

このような状態になってくると要注意ですので、今のうちに理解しておきましょう。

# 第1章

## 最優先でやるべき「リーダーシップの技術」

## 「マネジメント」と「リーダーシップ」はセットで考える

では、本題に入っていきましょう。

リードマネジメント実践のための1つ目の技術は「リーダーシップの技術」です。「マネジメントの本なのにどうしてリーダーシップなの？」と思うかもしれません。ですが、**リードマネジメントを実践するにあたって最優先でやらなければいけないのが、このステップ**です。

1対1だけでなく1対多——それこそ100人単位のマネジメントを行う際でも、この技術は最初に必要になるものです。

リーダーシップとマネジメントの違いで一般的に言われるのは、前者は「どこにたどり着きたいかを示す力」であり、後者は「そこにたどり着くためのリソース（資源）を分配し、プロセスを管理する力」と言われています。

**リーダーシップとは「未来を示す力」であり、マネジメントは「未来に向けたプロセスをコントロールする力」のこと**なのです。

ただし、リーダーシップの一例として「チームの売上目標1億円を達成するぞ！」といったものがあるかもしれませんが、リードマネジメントではこれをリーダーシップとは呼びません。

**「何のために」「誰のために」「なぜ我々がこの組織であるのか」「何のためにチームが存在しているか」という根本を語り、「だからこの目標へ向かう」という目的からくる未来を示す必要がある**のです。その上で未来に対する意味や意義をメンバーの心の中に醸成し、ワクワクを生み出していきます。

メンバーは意味のある未来が見えたときに内発的に動機づけられます。

だからこそ、2つがセットになるのです。

マネジャーは単にプロセスを管理するだけではなく、常にメンバーに未来を示すための力＝リーダーシップを兼ね備えなければいけません。
そのためには、メンバーの上質世界に入り続ける必要があります。

## メンバーの上質世界を「知る」「入れてもらう」「拡張する」

序章から何度か登場している「上質世界」という言葉ですが、読者の中には初めて聞いた人も少なくないと思います。

リードマネジメントでは上質世界がとても大事になりますので、先に解説します。

序章でもお伝えしましたが、選択理論では人は生まれながらに5つの基本的欲求(生存、愛・所属、力、自由、楽しみ)を持っているとされています。そして、その5つの欲求を満たすイメージ写真が蓄積されたアルバムのようなものを「上質世界」と呼びます。

5つの基本的欲求

**上質世界には、その人の「好きな人、モノ、コト、場所、シチュエーション、価値観、信条」**などが蓄積されています。平易な言い方をすると「願望」になります。

メンバーの「尊敬し憧れている人は誰ですか?」「なぜその人を尊敬しているのでしょう?」「言われて一番うれしい言葉は何でしょう?」。こうした問いへの答えも上質世界に入ります。

マネジメントにおいては、例えば「なぜこの仕事や会社を選んだのか?」という入社動機も上質世界にあるものの1つです。

**マネジャーがすべきはチームのメンバーの上質世界にあるものを「知り」、その上**

**で「自分を上質世界に入れてもらう」ためのアプローチを行い、最後は「仕事や会社が上質世界に入るように拡張する」こと**です。

読者の皆さんは、メンバーの上質世界のアルバム写真には何が貼られているかを知っていますか？

現在はとかくハラスメントと言われやすい社会ですから、マネジャーがメンバーのプライベートを根掘り葉掘り聞くことは憚《はばか》られるかもしれません。ですから、まずはメンバーの上質世界は「何なのかな？」「どんな写真が貼ってあるんだろう」と興味を持つことから始めてください。それが「知る」ということです。

その上で後述する「7つの関わり方」によってメンバーの上質世界の中にマネジャーの存在を入れてもらいます。

最初は「知る」までで構いません。

ただ、将来的な展開としてメンバーの上質世界の中に「マネジャー自身」を入れてもらい、そして「会社」「会社の商品・サービス」「仕事内容」「自分のチーム」を入れてもらうことを目的に関わっていきましょう。すると、メンバーは自ら主体的に仕事に取り組んでいくようになります。

ただその前に、リードマネジメントを学ぶ上で掴んでおいてもらいたいのは「メンバーから見てマネジャーが信頼するに足る人物になる」「ついていきたいと思われるマネジャーとなる」ということです。

そのための力が「部下と信頼関係を築き、上質世界に入る力」なのです。

あなたと部下との信頼関係は、現状どのような状態でしょうか？
あなたは部下から信頼されていますか？
あなたの部下を信頼していますか？
どのようにしたらより深い信頼関係を築くことができるのでしょうか？
こうした問いを繰り返してみるのもよいでしょう。

## マネジャーがメンバーから勝ち取るべき「尊敬」と「信頼」

本章でお伝えするリーダーシップを発揮するために不可欠なものが「他者との信頼関係を築く技術」です。**信頼関係が築かれるからこそ、上質世界に入れる**わけです。他者との信頼関係を築くためには「尊敬」と「信頼」の2つを勝ち取らなければいけません。

尊敬は担当業務での一定の知識や実績があり、相手が困っている問題を解決することなどで、得られることが多いでしょう。

例えば、営業部であれば「成果」です。プレイングマネジャーとしてのメンバーを圧倒する実績や能力、それによって導き出された成果を見せ、メンバーから「このマネジャーは自分に持っていないものを持っている」ということを示します。

経理や事務などのバックオフィス業務であれば、メンバーを圧倒する知識やスキル、そして実務能力です。質問をされてもすぐに答えることができたり、作業をものすごく早く完了させることができたり、的確な状況判断をすることで示せます。

ただし、尊敬を得るためにはポイントがあります。

**チームのメンバーが「今後の業務の中で獲得したい目標の領域内」における卓越性を示すこと**です。例えば、営業部なのに自ら成果を上げずに経理の知識だけを持っていたりしても尊敬にはなりません。単に「物知りだな」となるだけです。

そうではなく、メンバーから見て「この上司は自分が持ってない専門知識やスキルを持っているな」「ここまではできないというレベルで努力やチャレンジをしているんだな」「ここまでは自分は成果を出せていないな」などが卓越性に当たります。

あるいは「誰でもできることを、誰もできないくらい徹底的に継続している」ことも尊敬につながります。

あなたにはどんな卓越したスキル、知識、成果、継続している習慣などがありますか？

一方で「信頼」は時間をかけて醸成していくものです。

アチーブメントでは信頼と尊敬をそれぞれ「徳と才」と呼び変えています。徳とは「人格や人望」で信頼につながり、才は「能力（才能）や実績」で尊敬につながります。

才に関してはすでにお伝えしましたが、**徳を身につけるためには「7つの身につけたい習慣」（内的コントロール）を実践することが大事**です。

そして、**同時に「7つの致命的習慣」（外的コントロール）と呼ばれる〝やってはいけない習慣〟をやめる**ことが大事です。これら2つを次で詳しくお伝えします。

## 信頼を得るための「7つの身につけたい習慣＋α」と「7つの致命的習慣」

まず「7つの身につけたい習慣」は次の7つに分類されます。

1. **傾聴する：相手の話を途中で遮らずに最後まで聞く**こと。先に答えを用意して誘導するようなことをせず、相手の発言を理解しようとする気持ちで聞きます。７つの中で最も大事なものです。

2. **支援する：相手の目的・目標を達成するために必要なアドバイスや情報提供を行う**こと。部下の目的・目標達成のために、あなたが与えられるものは何か書き出して、具体的に実行してみましょう。

3. **励ます：現状、うまくいっていない・壁にぶつかっている人や、失敗してしまった人に対して、未来へつながるプラスの力づけをする**こと。批判をしてはいけませんし、単に「大丈夫、できるよ」と軽く言うものでもありません。言葉よりも寄り添う気持ちが大事です。

4. **尊敬する：相手を「自分よりも有能である」と考えて、具体的に自分より優れ**

**ているところを言葉にして伝える**こと。「ここがすごい」「教えてほしい」「自分にはできない」「センスがある」など、自分にはないけど相手にはあるものを伝えます。「心で思っている」だけでは「伝えていない」と同じなので注意です。

5. **信頼する：相手に対して「この領域で力を発揮してくれる存在である」と、信じて任せる**こと。「目標達成できないんじゃないか」「行動しないんじゃないか」という気持ちよりも、相手を信じるほうを選び、待ちます。時には親が子に示すような忍耐が必要になります。

6. **受容する：自分と意見が異なる場合に「いや、違う」と真っ向から否定しない**こと。まず「なるほど、そうか」「君はそう考えたんだね」「そういう意見もあるんだね」と一旦キャッチします。「私もそう思う」と同調したり、受け入れる必要はありません。あくまでも受け止め、理解してあげます。ある意味、非常に難しいことでもあります。

### 7. 違いを交渉する：1～6までを実践したあとに「Iメッセージ」で伝えること。

Iメッセージは主語が「私は（私が）」になるメッセージのことです。「私はこう考える」「わが社はこう考えている」「我々はこうしてほしいんだけど、あなたとしては何があれば取り組めますか」と伝えます。マネジャーとメンバーは上司・部下の関係である以上、チーム・組織としての考えや実行してもらうべきことがあります。その際の交渉として、相手が否定できないIメッセージで伝えます。

この「7つの身につけたい習慣」は、すべてマネジャーである「私」が主語になっています（試しに7つの身につけたい習慣の前に、「私が」をつけて読んでみてください）。

リードマネジメントの信条は「人は変えられない。でも人は変われる」でした。

これを前提にすると**「メンバー本人が自ら変わるために、マネジャーである私ができる習慣」**ということになります。

## ＋合わせて実践したい「2つのプラスα」

さらに、私はここにプラスα（アルファ）として「信頼を勝ち取るための2つの習慣」を追加したいと思います。

1. **小さな約束を守る：相手としたどんな小さな約束であっても守る**こと。一番は「時間」です。ミーティングやちょっとした相談を約束したら破ってはいけません。他にも「今度〇〇するね」という類の約束を必ず守りましょう。できないなら約束はしてはいけません。

2. **陰で批判しない：信頼されていない人間のナンバーワンは「裏表があること」**です。特に上司が部下に対して、本人のいないところで「あいつはダメだ」などの陰口を言うと本人だけでなく、聞いている人の信頼までまとめて失ってしまいます。「きっとこの上司は自分のことも別のところで悪口を言っている」と思われるため、いつか梯子を外されると考えられてしまうのです。上司の陰口は自己正当化のためであり「マネジャーも大変ですね」と部下から言われたい欲求がありますが、自らを満たすために誰かを貶める人は絶対に信頼されません。

合計で9つになりましたが、これらを守ることで少しずつマネジャーはメンバーから信頼されていきます。

加えて、次にお伝えする「7つの致命的習慣」もやめていきましょう。

## 今すぐやめるべき「7つの致命的習慣」

「7つの致命的習慣」は、序章でもお伝えした外的コントロール（ボス・マネジメント）とも共通する項目です。

1. 批判する
2. 責める
3. 罰する
4. 脅す
5. 文句を言う
6. ガミガミ言う
7. 褒美で釣る（自分の思い通りにコントロールする）

中身は文字通りのことなので詳細は割愛しますが、これら**7つの背景には「欠点に注目する」「自分が正しく、相手が間違っている」「相手をコントロールできる（変えられる）」という考え方**があります。

さらに、すべてにメンバーである「相手」を変えることが主体になっています（試しに「相手を」を前につけて読んでみてください）。

このようなコミュニケーションをしていると部下の上質世界からはがされてしまいます。**「7つの致命的習慣」を今すぐやめて、「7つの身につけたい習慣」へとシフト**

**チェンジ**していきましょう。

## 「内言語」と「外言語」を一致させてダブルメッセージをしない

先述の「7つの身につけたい習慣＋α」を実践していても、それでもうまくいかないことがあります。特にここまで読んで表面的なコミュニケーションのテクニックとして使っていると起きてしまいがちなので、あえてここで補足しておきます。

マネジャーは自分の中の「2つの言語」を一致させなければいけません。

2つの言語とは「内言語」と「外言語」です。内言語は「胎《はら》の中で思っていることと」で、外言語は「外に向けて発している言葉」です。

「内言語」と「外言語」が違うというのは、平たく言うと「思っていることと言っていることが違う」ということです。これをダブルメッセージと言います。

**信頼を構築しマネジメントを成功させるためには、マネジャーが2つの言語を一致させること**が大事です。

胎の中では「彼はダメだ」と思いながら「君はできるよ」と言ったり、「彼はどうせ辞めるな」と思いながら「ずっとよろしくね」と言ったりすると、相手には必ずダブル・メッセージとして伝わります。

**口先だけの褒め言葉や励ましは、むしろ信頼関係を崩す**と思ってください。

なぜなら、コミュニケーションは言葉だけで行われるものではないからです。

表情、姿勢、目線、声のトーン、声色、声の大きさ、話し方、間の取り方、ジェスチャーなどの「非言語《ノンバーバル》コミュニケーション」も含めて相手に伝わります。

非言語コミュニケーション研究者のアルバート・メラビアンは「人間の態度や性向を推定する場合、その人間の言葉によって判断されるのはわずか7％でしかなく、38％は周辺言語、55％は顔の表情による」としています。

これに従うと、93％が非言語コミュニケーションを頼りに、目の前の人間がどういう人物で何を考えているのかを判断していることになると言われています。

ですから、口先だけの言葉は薄っぺらく伝わるのです。

## +「メンバーは有能であり、能力が高い」と考える

マネジャーが内言語と外言語を一致させることは、セルフ・マネジメントの一環だと考えてください。

**『できると思ってないのに何と言えばいいのか』と悩むのではなく『このメンバーならできるかもしれない』と思えるように自分をマネジメントする**のです。

そのための考え方が「メンバーは有能である」という人間観に立つことです。

序章では一般のマネジメントとリードマネジメントの違いについてお伝えしましたが、さらに一歩踏み込んでここでは**一般のマネジメントとリードマネジメントの「人間観の違い」**について言及していきます。

一般の管理・監督型のマネジメントの人間観は「メンバーはマネジャーよりも無能

であり、能力が低い」というものです。能力の低いメンバーを使って成果を出すためには必然的に管理・監督するしかないわけです。

ですが、**リードマネジメントでは真逆で「メンバーはマネジャーよりも有能であり、能力が高い」**と考えます。高い能力が正しい方向へ発揮される状態を作るためには、マネジャーが導かなければいけません。

ですから「導く＝リード（マネジメント）」なのです。

この人間観に立つと「個々のメンバーの成長をどう作るか、それをどう集結させて組織パフォーマンスを最大化するか」を考えるようになります。

根本のコミュニケーションも変わります。誰であろうと相手が有能な人である前提で接する場合、そのあり方がメンバーに伝わるコミュニケーションになっていきます。

同様に、マネジャーがセルフ・マネジメントをする際には、まずメンバーに対する前提をひっくり返してみましょう。

## ＋メンバーのことを大切に思っている人がいると考える

内言語と外言語を一致させるセルフ・マネジメントには他にも方法があります。

これは私が実践していることでもありますが、メンバーと関わるときに、常にメンバーの後ろには必ず親御さんがいると想像しています。

私も人の親なのでわかりますが、メンバーの親はわが子を20年以上かけて大切に育て、大金をかけて教育し、子供の幸せを常に願いながら社会に送り出しています。

わが子が決めた就職先に不安を感じながらも、それでも「この子が選んだのだから」と送り出している――そんなメンバーを預かっているのです。

言ってみれば、メンバーの背後には親御さんが常に立っています。

「自分のメンバーとの関わりは、本当にこのメンバーの成長や成功を願っているものか？」「親御さんに見られても恥ずかしくないか？」を常に考えます。

そうすると、内言語が肯定的なものに変わり、外言語を一致させることができるようになります。

## ＋あえて期待値を「自分の位置」から調整する

最後は、そもそものメンバーへの期待値を調整しましょう。

マネジャーはメンバーへの期待値を「自分と同じところ」に設定しがちです。同じ人間が、同じ職種を、ある程度の経験をしてきているわけですから「そのくらいできて当たり前だろう」と考えてしまうのです。

すると、できなかったときにイライラします。自分と比べて足りていないところばかりに常に目が行き、心から相手にありがたい気持ちを持つことができません。

そうではなく**「相手のライン」に期待値を合わせる**のです。

そもそもメンバーは、日々、ベストを尽くしてよくやってくれています。

就職してくれて、出社してくれて、毎日真面目に仕事に取り組んでくれていることを期待値のラインとしてみてください。特に出社してきたことを感謝のラインにすると、すべてがありがたく思えて感謝できるようになります。

もちろん、だからといってどんなミスでも許していいわけではありません。成果を出せないことを許容するわけではありません。

あくまでもマネジャーの内言語と外言語を一致させるために、マネジャーが腹で思っている高い基準を調整するのです。

読者によっては、さすがにここまでする必要性は少ないかもしれませんが、方法論として覚えておいてください。

# 上質世界を知るために「5つの基本的欲求」を理解・分析する

本章ではメンバーの上質世界をまずは「知る」だけでいいとお伝えしました。

メンバーの上質世界を知るためには序章でも軽く触れた「遺伝子レベルで持っている」人間の「5つの基本的欲求」（52ページ参照）を知ることが大事だとも言いました。これを満たす願望が上質世界なのです。

では、この基本的欲求をもう少し深掘りしていきましょう。

**5つの基本的欲求は、さらに15の要素に細分化**されます。93ページに一覧を載せていますので、確認してください。

欲求は強い／弱いがあり、強いから良い、弱いから悪いということではありません。

この欲求バランスを、その人の個性といいます。

上質世界＝願望は「固有」といって、個々の人間によって異なります。**欲求バランスの違いが個々人の発言や言動、物事をこなすときの優先順位として表出**します。

1つ、私の失敗事例を話します。

チームのあるメンバー（A君とします）にマネジャーの私が仕事を振りました。するとA君からは「（この仕事を終わらせるために）何時くらいまでかかりますか？」と質問をされました。

私はその返答に当時カチンときました。「上司である私の指示なのに、断るつもりなのか？　こいつには、この会社でやっていくやる気がないのか？」と即座に判断してしまったのです。

なぜなら「何時くらいまでかかりますか？」の背景には「やりたくないけど、上司の指示だから嫌々やる」という気持ちが入っていると感じたからです。

A君のセリフを言い換えるなら「この仕事をしたら僕は何時まで会社にいることになりますか？」と私には聞こえたのです。

ですが、その判断は間違っていました。

A君は「生存の欲求」が強い傾向にある人間だったのです。

私が振った仕事に対するやる気はあるものの「何時までかかるか」が明確にわかったほうが自分の中で前向きに取り組める欲求バランスの人間だったのです。

他にも、例えばA君が「力の欲求」の「達成」が強い場合は、同じセリフでもその背景には「優先順位を考えたい」というニュアンスが入ります。振られた仕事を成し遂げる目的のために、何時くらいまでかかるかを知りたいのです。

このようなことを知らずに発言ベースで「彼にはやる気がない」と判断してしまうのは、マネジャーが自分の思い込みで決めつけていることになってしまいます。

実は、「やる気のないメンバー」がいるのではなく、「やる気がない」と上司が色をつけているメンバーがいることが多くあるのです。

## 5つの基本的欲求の定義

| | 欲求 | 欲求説明 |
|---|---|---|
| 生存の欲求 | 安全・安定 | 進んで冒険するようなことはせず、安定した生活を望む |
| | 健康 | 規則正しい生活をし、日常的に健康を心がける |
| 愛・所属の欲求 | 愛 | 人との関わりを大切にし、交友の幅は広くなくても、深い関わりを望む |
| | 所属 | 深くなくても幅広く人と関わることを好み、メンバーとともに何かをすることに喜びを感じる |
| 力の欲求 | 達成 | 目標に向かって努力し、自分の得たいものを得ようとする、成し遂げたいものを成し遂げようとする |
| | 承認 | 自分の実力や努力について人から認められたい |
| | 貢献 | 人が進んで取り組まないことにも取り組み、人をサポートする仕事に喜びを感じる |
| | 競争 | 他人に勝ちたい、自分自身にも打ち勝ちたい |
| 自由の欲求 | 解放 | 縛られたくない思いの強さや、時間や規則に縛られることを好まない |
| | 変化 | 現状維持に満足せず、変化を志向する |
| | こだわり | 人の意見に流されることなく、自分らしくありたい |
| 楽しみの欲求 | ユーモア | ユーモアに富み、いろいろなことを楽しみたい |
| | 好奇心 | 幅広く興味・関心を持ち、新しいことにチャレンジする |
| | 学習・成長 | 「学ぶ」ことにも楽しみを見出し、自らの能力向上に励む |
| | 創造性 | 柔軟で斬新な発想をもとに、創造的な活動をしたい |

## ＋欲求バランスのパラメーターは個々によって違う

ですから、マネジャーとしてしなければいけないのは、まず5つの基本的欲求は遺伝子レベルで組み込まれていることを知ることです。これは生まれながらにして組み込まれています。

そして、欲求バランスは人間一人ひとりで違うものなので、知ったあとは観察して、自分のチームのメンバーの欲求バランス（それぞれの強弱）の傾向を分析しましょう。

**数値に「0」を含めずに「1〜5」の中でパラメーター化**するのです。0を含めないのは〝傾向は必ずある〟からです。

普段のコミュニケーションをしながら、それぞれにどの傾向か強いか・弱いかを分析してください。

中にはわかりにくい人もいます。

自己開示がなかったり、コミュニケーションが少ないと判断しづらいです。そんなときは「行動」を観察してみてください。

例えば掃除をするときに1人で黙々とやるか、みんなと協力しながらやるか。時間配分を考えて締め切りまでに終わらせるか、最初はダラダラしていてラストスパートで一気にがんばるか、もしくは「このくらいでいいか」となるか。

他にも、教えられたやり方でやるか、自分なりのやり方をするか、などもあるでしょう。

マネジャーの観察眼にかかっています。

次ページに掲載の「メンバーカルテ」を作成するのもおすすめです。

## メンバーカルテ

基本情報

| 氏名 | 年齢 | 勤続年数 | 役職 |
|---|---|---|---|
| さん | 歳 | 年 | |

| | |
|---|---|
| 入社動機 | |

| | | | | |
|---|---|---|---|---|
| 欲求バランス<br>5:とても強い<br>4:高い<br>3:ふつう<br>2:低い<br>1:とても低い | 生存 | | 上質世界 | |
| | 愛・所属 | | | |
| | 力 | | | |
| | 自由 | | | |
| | 楽しみ | | | |

| | | | |
|---|---|---|---|
| 強み・長所 | | ビジョン・目標 | |
| | | 成功しなければならない理由 | |

## メンバーそれぞれの上質世界に寄り添い、自分を入れてもらう

会話などのコミュニケーションを取る、あるいは観察をしながらマネジャーはメンバーの欲求バランスを理解しようとします。欲求バランスには模範解答があるわけではありません。ですから「恐らく、こうなんだろう」という推測が大事なのです。推測ができたら、欲求を満たすために上質世界を満たす関わり方をします。欲求を満たす関わりを続けていると、部下の上質世界にもより入りやすくなります。

私の実体験をお話しします。以前ある営業メンバーが非常に良い成績を出していたので「もう少しでランキング上位になるぞ」「1位も見えてきたぞ」などとコミュニケーションを取っていたところ、そのメンバーの反応は薄く、行動にも何ら変化は見えませんでした。むしろ私との距離はどこか遠い状態を感じていました。

よくよくそのメンバーを観察し、欲求バランスや上質世界に関心を寄せてみたところ「力の欲求の中でも貢献が強い」「上質世界は、お客様に喜んでもらうこと。もっとお客様に役に立てる担当者になること」であることがわかってきました。そのメンバーにとって「ランキング」や「1位になること」はそこまで動機づけになる願望ではなかったのです。

それ以降、私はそのメンバーの欲求バランスや上質世界に配慮し「お客様に貢献するために、どのような支援が自分にできるか？」「より多くのお客様にありがとうと言っていただくために必要な専門性としてこのようなものがある」「お客様の立場に立つと担当者が優績であることは誇らしいものだ」などの支援的な関わりを継続していきました。結果的に彼はランキング1位になっていきました。

要するに、欲求の満たし方が人それぞれ異なるということです。

**大切なのは、マネジャーはメンバーのこれらの上質世界を否定したり、阻害したりしないこと**です。

もしもそのような関わり方をしてしまうと一気にマネジャーは嫌われてしまいます。

**一度嫌われてしまうと、マネジャーをその上質世界の中に入れてもらうのは難しい**ものとなります。

仕事においては、マネジャーが出した指示を聞いてもらえなくなったり、聞いてもらえたとしても進んで実行してくれなくなったりします。

本当に賢いマネジャーはそのことを理解しています。

メンバー個々人の上質世界と欲求バランスを把握し、疎外せず、逆に満たす関わり方をすることで、マネジャー自身をメンバーの上質世界の中に入れてもらいます。そこまでできているから、スムーズに指示を受け入れてもらえるのです。

**欲求バランスのパラメーターは「個性」**と言い換えることができます。そう考えると、メンバーの個性を尊重しながら、寄り添い、満たす関わり方をすることの重要性がおわかりいただけると思います。これはマネジメントの技術なのです。

## ＋「基本的欲求サーベイ」を使えば一瞬で傾向がわかる

もしも、そのような観察が難しいような環境や、どうしてもパラメーター化が難しいと感じたときは、専用のアンケートサイトを活用してみることをおすすめします。アチーブメントが提供しているアンケートサーベイ『5つの基本的欲求サーベイ』を使えば、個人が225個の質問に回答するだけで15の細分化された要素まで、詳細な分析結果を手に入れることができます。

『5つの基本的欲求サーベイ』は2007年のリリース以降、のべ2万人以上の方に利用・回答いただいており、常に精度向上のために改善されています。

使い方は簡単です。会員登録後に税込2200円（※2024年8月現在）をお支払いいただく必要はありますが（メンバーへのプレゼントも可能）、選択回答式（マークシート方式）で225問の質問に答えてもらうだけです。結果はPDF、もしくは画像（ＪＰＥＧ形式）で保存されますので、いつでも出力・印刷ができます。
ＵＲＬとＱＲコードを載せておきますので、興味がある方はぜひトライしてみてください。

https://bnt-web.achievement.co.jp/about

どのような方法であっても、**欲求バランスのパラメーターがわかったら、それを使ってマネジャーとメンバーで面談**を行いましょう。

すると、さらに深く相手のことを知ることができます。なぜその欲求バランスになっているのか、バックグラウンドを知るきっかけになるのです。

これは健康診断のカルテをもとに医師と患者が会話をするのに似ています。患者の健康を医師がサポートするように、メンバーの成長をマネジャーがサポートする関わり方のきっかけにしてください。

## まずはマネジャーが自分の上質世界にメンバーを入れる

メンバーの上質世界を知り、入れてもらう――ですが、その第一歩は、むしろマネジャー側にあります。**いきなりメンバーのことを知って関わっていこうとするのではなく、その前にメンバーのことに「興味を持つこと」**から始めてください。

なぜなら、メンバーがマネジャーを上質世界に〝入れてくれるかどうか〟は、果たしてわからないからです。

あなたにも自分の上長や同僚がいると思います。

あなたの上質世界の中に、その人たちは全員入っているでしょうか？　恐らく、そんなことはないと思います。どうしても好きになれない人がいたり、中には生理的に無理だと思う人もいるはずです。

それなのに、もしも私が「誰でも彼でもすべて上質世界に入れてください」と言ったら、私のことが嫌になってしまうと思います。

同じように**メンバーがあなたを上質世界に入れるかどうか、最終的な判断はメンバー側にある**と思いましょう。

そして、マネジャーであるあなたはそれをコントロールすることができません。

私自身、どれだけがんばっても上質世界に入れてもらえなかった経験があります。

そのような人たちは最終的に異動で離れていったり、離職したりします。

このような個人の好き嫌いで、マネジャー自身が思い悩むことは避けてもらいたいと思っています。**コントロールできないことに躍起にならないこと――これもマネジャーのセルフ・マネジメントの1つ**だと考えましょう。

むしろ大事なのは、マネジャーがメンバーをまず「マネジャー自身の上質世界」の中に入れる努力をすることです。

そのために必要な行動が「相手に興味を持つこと」です。

今、あなたのチームにいる部下のメンバーの中には「何のために働いているか」が明確ではない、もしくはライスワーク化している人もいるかもしれません。

ですが、どうせ仕事をするのであれば、その時間は楽しく意義のあるものにして、成長しながらやりたいと思うでしょう。あなたがそう思うように、メンバーも潜在的にはそう感じています。

だからこそ、**マネジャーはメンバーの上質世界に業務や職場やマネジャー自身といった「仕事」が入るように関わる**ことから始めてみてください。

その上で、コントロールできないことにはこだわり過ぎないこと。このバランスが大切になります。

## ＋「人に興味ないですよね」が定番フレーズだった私

本章の最後にもう1つ、私の過去の失敗談を聞いてください。

ここまで偉そうに「メンバーに興味を持て」と語ってきましたが、何を隠そう、かつて最も部下に興味を持っていないマネジャーが私でした。

私がプレイングマネジャー1年目だった頃のことです。最も興味があったのは「成果を出すこと」でした。まったくメンバーに興味がなかったわけではないですが、目標達成や組織の責任をまっとうすることのほうにもっと興味があったのです。

実際に私はプレイヤーとしてもマネジャーとしても成果を出していました。ですが、チームのメンバーの成長や彼らの入社目的、プライベートを含めた趣味などまったく興味がありませんでしたし、質問もしませんでした。「そんなの関係ない、成果だけ出してくれ」という考え方でした。

面談中に相手が話をしていても「なるほどね〜」と頷くだけで内容は〝右から左〟でした。相手がひと通り話し終わったら「じゃ、私の話を聞いてくれる？」という感じでした。

そんな私に、いつしかメンバーたちはこう言うようになりました。

『橋本さんって私に興味ないですよね』『話、聞いてないですよね』

このようなことを繰り返していると、やがてメンバーが体調不良になったり、目標達成できずに異動したり、「こんな私ですみません」と自信を喪失するようになっていきました。さらには離職する人も相次ぎました。

ただそれでも、私は反省していませんでした。

『そんなことを言ってほしいわけじゃないんだけどな』と悩んでいましたが、反省はしていなかったのです。

当時の私の頭の中にあったのは「メンバーをどうやって変えられるか、このメンバーでどうやって組織の目標を達成できるか」ということだけでした。

ただそんな私も、「はじめに」でお伝えした当時の上司との出会いで変わることができました。

今のあなたはどうでしょうか？

当時の私のようになっていないでしょうか？

私が当時の上司のアドバイスによって変われたように、私も本書を通してあなたが変化・成長するお手伝いをしたいと考えています。

次章からはさらに踏み込んでリードマネジメントを展開していきますが、すべてのベースは本章の内容にあります。ここをしっかり押さえて、次のステップへ進んでください。

＼第１章／
Check List

□「何のために」「誰のために」「なぜ」という目的から未来を示す
□メンバーの「上質世界」に関心を寄せる
□率先垂範で「成果」をあげて尊敬を勝ち取る
□「ダブルメッセージ」をしない
□「メンバーは有能だ」と捉える
□メンバーの「５つの欲求バランス」を満たす関わりをする

Column

## 「次のマネジャー」を育てるのもマネジャーの仕事

第1章の「リーダーシップの技術」を実践してメンバーの上質世界にうまく入れるようになるとマネジャーは尊敬され、信頼を得られるようになります。

ですが、やり過ぎると〝落とし穴〟にハマってしまうので注意が必要です。

マネジャーの立場に立つとメンバーから尊敬され、信頼され、喜んで指示を聞いてもらえて成果を出してもらえる環境はとても心地が良いものです。

ただ、そんな「特定のマネジャーのためだけにがんばるメンバー」を増やしてしまうと、長期的に見たときに頭打ちします。

なぜならば、マネジャーに依存してしまうからです。マネジャーから褒められることがモチベーションになったり、逆に褒められないことで落ち込んだりと、パフォーマンスが乱高下するようになります。

マネジャーとメンバーの依存関係は相互に好循環として作用しがちな分、危険です。マネジャーからすれば好かれて、指示を聞いてもらえて、チームでも成果を出してもらえる。メンバーからすれば上司に気に入られて、成果も出せて、褒められる。お互いにＷＩＮ－ＷＩＮの好循環チームが出来上がります。

ですが、そんな状態でもしもマネジャーが異動になったり、メンバーが異動になったりして環境が変わると、機能しなくなってしまいます。

ですからメンバーを育てながらも、同時にマネジャーは「いつか君もマネジャーとして自分の組織を持つ。それを見据えて自分の中に目的・目標を明確に持てるようにしたほうが長期的に成長できるし成果も出るよ」と話し、あえて離す必要があり

Column

ます。

これを「育成の時間軸を伸ばす」と呼びます。

今はあなたのもとにいるメンバーたちも、成長していつかは誰かの上司になります。もしくは、部署異動で別のマネジャーのもとで働くことになります。

そんな巣立つタイミングが来ることを踏まえて、自立した人材を育成しましょう。メンバー自身の中に「目的・目標」を持ってもらい、それを達成させることをマネジャーはしなければいけません。

そうやって自立させることで、メンバーが今度はマネジャーになったときに自分と同じような人材を育成することができるのです。「目的・目標」については次の章でお伝えしますので、まずはその認識を持つようにしましょう。

# 第2章

マネジメントの両輪を回すための

# 「個人の成長支援の技術」

## 自立したメンバーを育てるために
## マネジャーがやるべきこと

リードマネジメント実践のための2つ目の技術は「個人の成長支援の技術」です。第1章のリーダーシップの技術を継続することで、マネジャーはメンバーの上質世界に入っていくことができます。

ですが、現代はVUCA《ブーカ》の時代です。マネジャーがトップダウンで指示をし続けるマネジメントでは、さまざまな変化にスピーディーに対応することはできません。

さらに、第1章のコラムでもお伝えしたようにメンバーがマネジャーに依存する関係になってしまい、マネジャーが常に指示をしないと動かない〝指示待ち人間〟になってしまいます。

それではますますマネジャーのキャパシティが組織の限界となってしまいますし、

何よりメンバーの成長が生まれづらいです。

このようなときにメンバーが自ら考え、行動し、自立して成長していく状態に導くために本章のステップへ進みます。

## 達成型組織を作るために必要な「左手と右手」

序章にて、マネジメントとは「人を介して仕事をする技術」とお伝えしました。

これをもう1段階ほど深掘りすると、**マネジメントとは「メンバーの目的・目標の達成を通して、チームや組織の目的・目標を達成すること」**になります。

チームや組織には2つのパターンがあります。**「達成型」**と**「未達成型」**です。

未達成型の組織はリーダーであるマネジャーが躍起になって「あれをするぞ、これをするぞ」と言い、指示・伝達・情熱で引っ張ります。

達成型組織と未達成型組織の違い

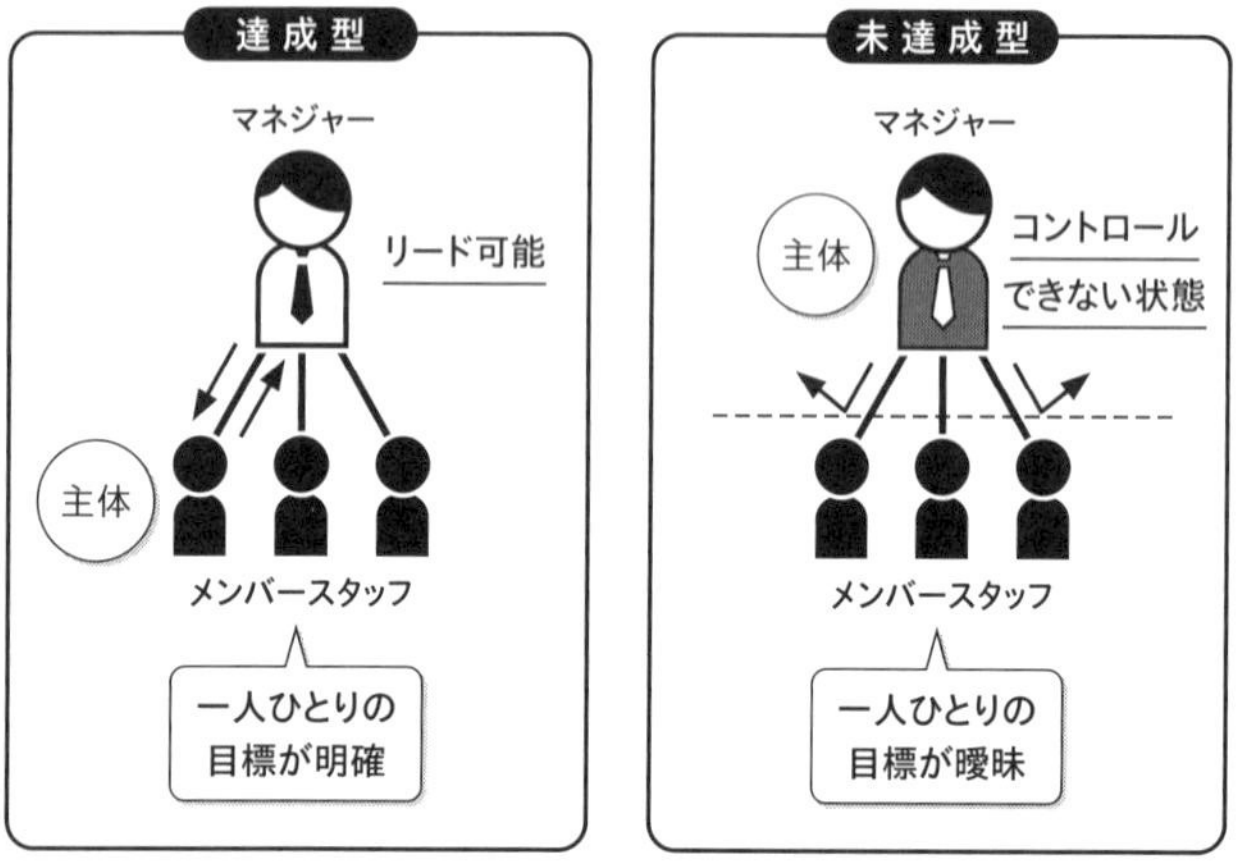


先導する力は強そうに見えますが、メンバー一人ひとりの目的・目標が曖昧です。主体がマネジャーなので、マネジャーが引っ張ることでしか動けません。

一方、**達成型の組織ではメンバーが主体です。個々のメンバーの中で目的・目標が明確になる状態を作り、マネジャーはその達成を支援する**立場として機能します。

結果、組織全体のパフォーマンスが大きくなります。

リードマネジメントが目指すのは後者の組織です。

達成型組織にするためには、メンバー個々の目的・目標を明確にして、それを達成に導く必要があります。「何のために生きているのか」「何のために仕事があるのか」を明確にして、それに沿った働き方や生き方を導くのです。

そのためにリードマネジメントでは「左手と右手」を使って表現をします。**左手は「目的・目標」**を意味し、**右手は「行動」**を意味します。これは順番が大事で、**まず「左手」を明確にして、その左手を達成するために適切な「右手」を実践していく**ことが必要です。

右手の「行動」はさらに2つに分けられます。1つは「時間の使い方」、もう1つは「お金の使い方」です。メンバーが自ら左手「目的・目標」を明確にし、達成に効果的な右手「行動」（時間とお金の使い方）を選択できるように関わることが、まさに「個人の成長支援技術」です。

そして、左手と右手を合わせて「パチン！」と音が鳴る状態は目的・目標に向かって行動できている——すなわち目標達成を表します。

反対に一致していない状態は目標未達成を表します。

「成長を支援する」とは、左手と右手を一致できるメンバーをどう育成できるか、なのです。

ですから、マネジャーは「君なりに行動していいよ」ではなく、「このままでは目的・目標を達成できないから、こう考えよう、こういうふうに行動しよう」と導くところまで行う必要があります。

多くのマネジャーはこのときに「マネジャーがやってほしいこと」で指示をしてしまいがちですが、そうではなく、**メンバー自身の目的・目標をメンバー自身が達成するためのナビゲートやアドバイスする**のです。

## 逸話『3人の石工』から考える「目的・目標」

さて、話を1段階ずつ掘り下げていきます。

そもそも「目的・目標」とは何でしょうか？

目的は、目標に対して上位の概念です。目標は、目的に対して下位の概念です。「目的を遂げるために目標を達成する。目標を達成することを通して目的を遂げる」という位置関係です。

**目標は「数値や期日があるもの」のこと**です。チームや組織においては部署やメンバーによって異なるとは思いますが、**個々に課せられている達成すべき数字や締め切り**を意味します。

ただ、人は「目標」だけでは動きません。

車のカーナビであれば、目的地を入れ、現在地が出ると、勝手に逆算してナビゲートしてくれます。

ですが、人間は違います。単純に「売上●円を今月中に達成する」や「この企画書を来月末に提出して承認をもらう」という目標だけだと、動く人と動かない人がいるのです。何より人を動かすのは「目的」なのです。

**目的は「何のために、誰のために、なぜあなたがそれをするのか」という目標を達成するために必要な動機**の部分です。リードマネジメントでは目的にものすごく介入していきます。

そして、メンバー個人の目的と、チーム・組織の目的を重ね合わせていく支援を行うことが重要です。

目的・目標をわかりやすく理解してもらうために、マネジメントの大家であるピーター・F・ドラッカーの書籍『マネジメント』から『3人の石工（3人のレンガ職人）』の逸話（意訳）をご紹介します。

《ある建築現場で、3人の石工が一生懸命に石を積んでいました。

それぞれの職人に「あなたは何をしているのか？」と尋ねました。すると、

1人目の石工は「この仕事で生計を立てているのさ」と答えました。

2人目の石工は「この国で一番上手な石切の仕事をしているのさ」と仕事の手を休めずに答えました。

3人目の石工は「未来の大聖堂を作っているのさ」と目を輝かせながら空を見上げて、まるで夢を見るように答えました。》

もうおわかりかとは思いますが、3人の石工たちは「石を切って建物を建造する」という同じ目標を持っています。ですが、それぞれの目的は異なっています。個々の目的に対して良し悪しを言うものではありません。1人目の石工の「生計を立てる」ということも、家族を養うため、子供に良い教育を与えるため、配偶者を喜ばせるため、など素晴らしい目的につながっています。

ただし、「この組織で、このチームでやる理由」まで明確にすることができるのが、リードマネジャーです。1人目、2人目は、究極この組織、このチームでなくとも、より報酬が良く、よりスキルアップが見込める他の組織でもできます。

3人目の石工は、「1人ではできないことを組織の力で成し遂げる」という利他的な目的が加わっています。

**リードマネジメントでマネジャーが目指すのは「3人目の石工」のようなメンバーを育てること**です。そのためには「何をいつまでに行うか」という目標を下支えする「何のために」をメンバー自身に考えてもらう必要があるのです。

## 目的を明確にするためのマネジャーの関わり方とは？

とはいえ、メンバーに目的を考えてもらおうと**マネジャーが「君の働く目的は何？」「君は将来どうなりたいの？」と質問をしても目の覚めるような回答をもらえる可能性は低い**です。

「君は将来どうなりたいの？」は非常に回答の幅が広いオープンクエスチョンと呼ばれるものです。明確な目的・目標を持っていない限りは、誰でも答えに躊躇《ちゅうちょ》します。

以前、私はこの「漠然とした質問を繰り返す」ことによって失敗をしたことがあります。

あるメンバーが仕事に対するモチベーションが上がらず、明確な目的や目標も持っていませんでした。私はそのメンバーの目的を少しでも明確にしようと、「これからどうしていくの？」「本当はどうなりたいの？」など面談で質問を繰り返してしまいました。

しかしこのメンバーはそもそも自分の中で働く目的が曖昧でした。

そんなメンバーに「どうなりたいの？」と尋ね続けることは、本人にとっても苦痛だったのでしょう。

「わからないので答えられません」と、逆に自信を落とすような面談となってしまいました。

これは今思うと、私の質問のレパートリーが少なく、一辺倒な質問しかできなかったことが問題でした。また質問以外にも、メンバーの目的・目標を明確にする支援の方法はたくさんあることを当時はまだ知りませんでした。

**ある研究では、世の中の95％の人は願望が曖昧だと言います。**

**ですから、そもそも目的が明確ではない人のほうが多いことを心づもりにして関わりを持つようにしましょう。**

では、どのような関わりを持てばよいのか？
いくつか実践例をお伝えします。

## 1. マネジャー自身の目的を自己開示する

最初から質問ばかりになると、尋問のようになってしまい相手も逆に怖くなったり、心を閉じてしまうこともあります。

まずは「マネジャー自身はどんな目的を持って働いているのか？」「この仕事にどんな意味を感じているのか？」「なぜこの会社に入り、何を成し遂げたいと思ったのか？」について自己開示することも有効です。

例えば私の場合は、アチーブメントに入社し、現在も働き続けている理由をメンバーに伝えてきました。

私の実家は富山県の山奥の専業農家で、養鶏場を営んでいます。人里離れた田舎で、高校は片道1時間30分もかけて通っていました。

実は私は小学校、中学校の頃、学校でいじめられていた時期がありました。勉強や部活動はがんばっていましたが、なるべくいじめられないように、周りに合わせて過ごしていた時期が長かったことを覚えています。

そのまま、何のために生きるのか、何のために勉強をするのか、目的が見えないまま大学生になりました。

就職活動の時期になってアチーブメントに出会い、選考期間中に「人生の目的・目標を明確にする方法」「逆算した人生設計の描き方」「人と良好な人間関係を築く方法」などを勉強し、衝撃を受けました。

「これが日本の教育のスタンダードになったら、もっと多くの人が主体的に人生を生きることができる」

「今はまだ小さいベンチャー企業だけれど、将来は社会に大きな価値を生み出す、なくてはならない企業体になっていくはずだ」

そう感じて入社を決め、今日まで働いてきました。

現在は結婚し、子供も生まれました。親になり、「将来子供たちが社会に出たときに、リードマネジメントを学んでいる経営者や上司がいる会社で働いてくれたらいいな」「私だけではなく多くの受講生にも子供がいて、同じように子供の将来への願いを感じてくれているだろうから、リードマネジメントを日本の社会に伝えていくことには大きな意味があるだろう」と心から思い、日々仕事をしています。

こうした体験や思いを自己開示することで、メンバーはまったく同じではないにせよ、何か共感するところがあったり、自分自身に置き換えて自らの思いを話してくれることもあります。その上で、「メンバーの入社動機」を尋ねていくと、いきなり質問をするよりも答えてもらいやすい流れになるかもしれません。

## 2. 目的や願望を明確にする「質問のレパートリー」

ただ単調に「どうなりたいの？」と尋ねるのは、マネジャー側の質問のレパートリーが少ないとも言えます。

しかし、過去の自己実現の体験や、お客様・仲間・会社に対してのスタンスを聞く問いには、メンバーの隠れた思いを引き出す効果もあります。

・これまでの人生で一番充実していたものは何だったか？
・なぜそれは充実していたと思うのか？
・それが職場でも得られるとしたらどうか？
・会社で充実感を得るためにはどのような状態が理想だと思うか？
・お客様にとってどのような担当者でありたいか？
・後輩が入ってきたら、後輩にどのような支援ができると良いか？
・チームの仲間やチーム全体にどのように貢献していきたいか？

など、過去の体験や他者に対する思いについて質問することから始めてみるのは有効です。

すぐに目的や目標を明確にしようと焦らずに、じっくりと話を傾聴することも大切です。

メンバーは真剣に話を聞いてくれる姿勢に信頼を寄せ、これまでは言葉に発してこなかった秘めたる願望や、会社・仕事への思いなどを少しずつ話してくれることもあります。

メンバーが願望を話してくれたら、その理想を実現するために「メンバー自身がどのような成長や挑戦ができると良いか」にまで最終的には話を落とし込んでいきます。それにより、彼らが内発的に仕事に取り組んでいくことにつながっていきます。

## 3. 目的や願望を育む「同行指導」

メンバーの目的・目標を明確にするのは、何も1on1や面談の中だけではありません。**もっともメンバーの育成につながるのは「現場の同行指導」です。**

人間は知らないものを夢見ることはできません。野球の試合を一度も見たことのない少年が「将来は大谷翔平選手みたいになりたい」という願望は描けないのです。

ですから、マネジャーは「仕事の魅力や価値」を現場に同行しながら伝えることが理想的です。

具体的には、自分の仕事に同席させたり、お客様から感謝を伝えられる場面に同行させたり、他部署の人とチームを組んで仕事を進める場面に巻き込んでいく、などです。

アチーブメントの場合は、多くのお客様が日頃研修を受講し、満足し、ありがとうのお声を寄せてくださいます。また成果が出たらわざわざ丁寧に報告に来てくださったり、会社の事業計画発表会に招いてくださったりします。

そのような場にメンバーも同席させてもらい、いかに自社の仕事がお客様に価値を提供し、喜んでもらえている仕事なのか。現場・現物を見ることによって、目的や願望の中に「仕事が楽しい」「仕事の意義と価値を感じる」という体験が育まれていきます。

これは営業職だけでなくバックオフィス業務でも同様です。

「こんなふうに他部署から感謝の声がもらえるプロになりたい」と体験したり、「この仕事は全社のこのような未来につながる重要な仕事だ」という意味づけを聞けたりすると願望が明確になってきます。

## 4. 会社・仕事・商品が大好きな社員の話を聞く機会をセッティングする

会社の中には、会社・仕事・商品が大好きで生き生きと仕事をしている社員もいます。そのようなメンバーを特別講師に「社内勉強会」を開催したり、朝礼で全体メッセージをしてもらったり、メンバーと少人数で食事にいってもらうこともひとつの方法です。

すると、その先輩社員は「なぜそこまで会社や仕事や商品が好きなのか」という本人の想いや解釈を語ってくれるので、それが良い情報提供となり、メンバーの願望が明確になるきっかけにもなります。

## 5.歴史を語ること

願望や目的が曖昧な人は、さまざまなことに感謝の気持ちが持てず、何事も当たり前になっているという場合もあります。そのようなメンバーは、会社の歴史、商品が生まれた背景のストーリーなどにあまり詳しくないことも多いようです。これは情報不足なだけで本人に悪気はありません。

そうした場合は、長く会社に勤めている大先輩から会社がまだ小さかった頃の話や、自社商品が生まれた誕生秘話、あるいは自社サービスを使って感動してくださったお客様の話などの歴史を語ることも有効です。

## 6.「期待」を伝えること

本人が明確な目的・目標を持てていなくとも、マネジャーはメンバーのことをよく観察し、本人の強みや適性、才能をしっかりと理解します。その上でメンバーがどのような成長を遂げ、どのようにこの会社で自己実現してもらえたら本人にとってもよいかを「デザイン」することが大切です。

そして、その内容を「期待」として伝えます。

「私にはあなたに期待していることがあるので伝えてもいいかな？」と前置きするのが効果的です。

面談をして直接伝えるのでもいいですが、整備されているのであれば、社内用SNSやチャットツールなどで文章で伝えてもよいと思います。

私自身の実体験ですが、私も直属の上司や社長から長年「期待」を伝え続けてもらってきました。

「橋本さんは、トレーナーに資質があると思いますよ」

「橋本さんには、将来アチーブメントの看板講師として、お客様の成果の創造に貢献する活躍をしてほしいと期待しています」

そのように繰り返し伝えられることで、当時はなかった「講師」という仕事やキャリアが徐々に私の願望の中にも描かれていきました。

**このように「良質な情報」と「価値ある体験」が繰り返し与えられると、願望が明確になるのです。これを「願望を育む」と呼んでいます。**

ぜひ実践してみてください。

## 「チームの数字の計算」ではなく「メンバーの成長からの逆算」を行う

ここで1つ、私の失敗事例を聞いてもらいたいと思います。

本書の「はじめに」で、私がマネジメントの暗黒時代に当時の上司から衝撃的なフィードバックを受けた話をしました。

『橋本さんのチームは、メンバーが「橋本さんの駒」になっていますよ』

すでに書いたことですので内容は割愛しますが（よろしければ10ページを再読くだ

さい）、当時の私はメンバーの目的・目標の達成を作ることをせずに「組織目標のためにメンバーがいる」と考えていました。

この話の続きをお伝えすると、実際に私はプレイングマネジャーとしてチームの成果を出していました。

例えとして、5人チームで月の合計チーム目標が1000万円（個人の目標が200万円）だったとします。もちろん個々の目標の合計であるならば個々が達成すればよいのですが、そのときはAさんが300万円で達成率が150%、Bさんが240万円で達成率120%、Cさんが160万円で達成率80%、Dさんは100万円で達成率50%、Eさんは600万円で達成率300%というように達成率にばらつきがありましたが、トータルでチームの目標は1000万円に対して1400万円と目標をクリアしていたのです。

目標を一番に考えていた当時の私にとっては、それでよかったのです。

ですが、上司からはこう言われました。

**「数字の計算」だけのチーム運営**

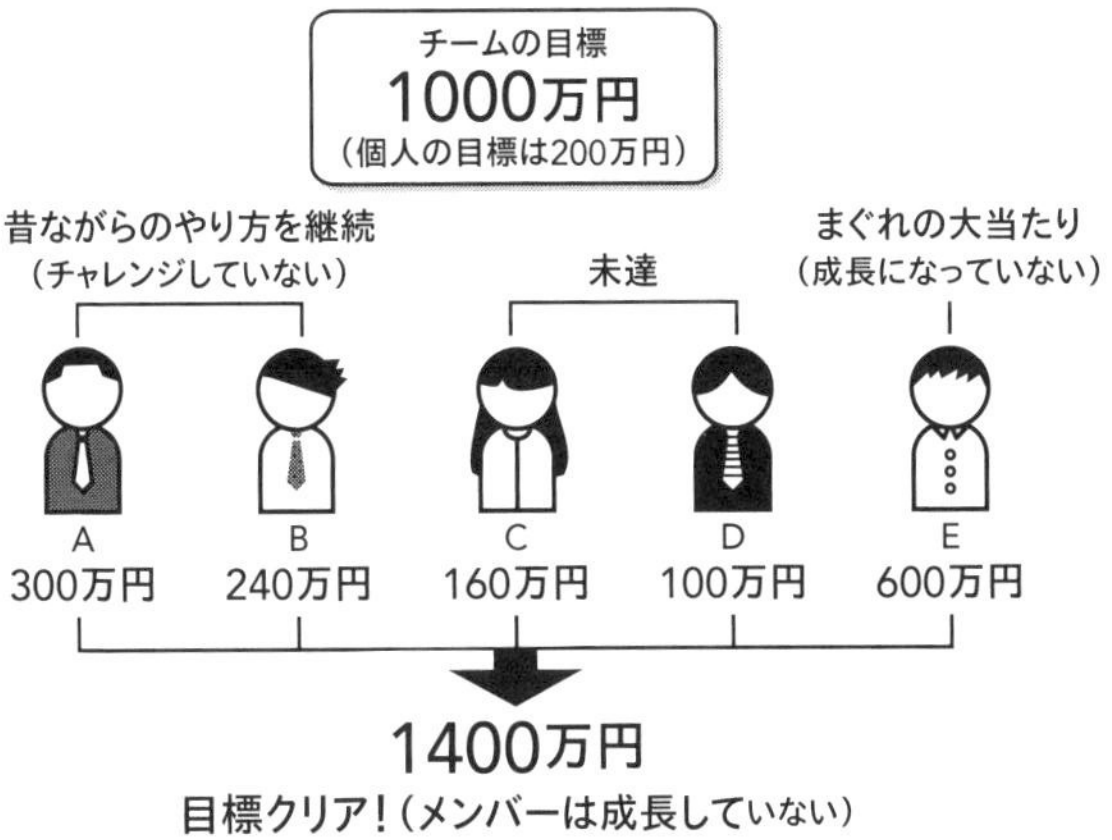


『それではチームの目標は達成できていても、CさんとDさんは達成していない。AさんとBさんも昔ながらのやり方を継続しただけでチャレンジしていない。Eさんに至っては、まぐれ当たりで成長になっていない。未達成の人、チャレンジしていない人、成長していない人がいるのにチーム目標を達成して喜んでいる場合じゃない』

そして、極めつけにこう言われました。

『橋本さんがしているのは「計算」です。数字の足し算・引き算をしているだけ。本当の意味でメンバーの成長から逆算していません。だから橋本さんのチームのメンバーは成長しないんです』

私は何も言い返すことができませんでした。

目標達成をしていてもチームとして伸び悩んでいた原因をズバリ指摘され、それこそ〝ぐうの音も出ないほど〟痛いところを衝かれました。

当時の私はメンバーの目的・目標にフォーカスせず、願望を明確にすることもなく、ただ自分のチームのための数字を計算しているだけだったからです。

ですが、**マネジャーが本来しなければいけないのは「メンバーの成長からの逆算」**です。上司からはそれを教えてもらいました。

今では当時よりはずっとまともにチーム運営をできていると思っていますが、できればあなたにも、私と同じ轍《てつ》を踏まないでもらいたいと思っています。

成長からの逆算を忘れると、目標達成できないときにイライラして、メンバーが心を病んだり、離職する事態を引き起こしてしまいかねないからです。

## 描いた育成のデザインを「期待」として伝える

ここまでメンバーの成長や育成についてお伝えしてきましたが、マネジャーはさらに、メンバーがどのように成長してくれたら今後の彼らの未来につながるかをデザインする必要があります。

そして、その内容を「期待」として伝えます。

前述しましたが、**「私にはあなたに期待していることがあるので伝えてもいいかな？」と前置きするのが効果的**です。

大事なのは**実務的な仕事のコミュニケーションにプラスして、普段のコミュニケーションで「成長」にフォーカスしたコミュニケーションを行うこと**だからです。

例えば「今日は4月15日で月の半分が経ったけど、今月はどんな成長をしようと思って取り組んでいるの?」とメッセージを送ったり、「今はどんな目標を目指しているの?」と聞いたりします。

もちろん、チームとしてメンバーに期待している成果＝数字にも触れます。アチーブメントでは営業が「1か月で6件の契約を預かれるようになると一人前」という定義を作っていますが、同じようにあなたのチームや組織でも人事評価につながるような個別の目標があると思います。

その数字や期日についても期待として伝えてください。

## ＋目標達成の過程で成長できることを期待する

ただし、数字を伝えるときには注意が必要です。

よくありがちなのが、マネジャーが描いた目標をトップダウンで下ろして「期待しているよ」とだけ伝えてしまうことです。

中間管理職的な立場である以上、どうしてもマネジャーはその上長からチームとしての達成目標を与えられます。その目標を個々のメンバーに対して振り分け、「期待しているよ」と目標設定を伝えるのは構いません。

ですが、そのときに忘れてはいけないのは**「目標はこれ。でも大事なのはあなたがそこを目指しながら考え方や知識、仕事のスキルなどの面で成長することだよ。その成長を私は期待しているよ」と伝えること**です。

**数字とタスクを振り分ける〝だけ〟ではダメ**です。

考え方としては「メンバーがその成長を遂げられたら、会社からの基準の目標もクリアできるし、それをはるかに超える高い目標をあなたが掲げてもいい。下回ることは良くないが、上はどこまででもいい」というものです。

あくまでも**成長することが先で、そのための数字やタスク**なのです。

この順番を忘れずにコミュニケーションを行い、その上で「どんな成長が自分に必要だと思うかを明確にしよう」と伝えてメンバーに考えてもらいます。

**「目標設定を伝えるときに、目標を達成する行動の過程でメンバーが成長すること。その上で個々の目標を達成してもらえるよう期待を伝えること」**からズレないようにしてください。

## メンバーの自己評価によってしか本人を変えることはできない

メンバーの成長を支援する上で、特に大事な部分として「自己評価」と「フィードバック」について深掘りします。

まずは「自己評価」からです。

マネジャーの中には「これはできているからいい、これができていないからダメ」「お前は優秀、お前はダメ」というように、メンバーからすると他者評価によって相手を変えようとする人がいます。ですが、それでは人は変わりません。

リードマネジメントの信条である「人は変えられない。でも人は変われる」に集約されているように、**人間が変わるためには外発的に刺激を与えるのではなく、内発的動機によって自分から変わることが必要**だからです。

そのためにメンバー自身の評価を自ら行ってもらうのです。

**自分の左手＝目的・目標と右手＝行動を評価し、ギャップがあることを自分で明確にできれば、初めて「埋めたい」という欲求**が起こります。

ですからマネジャーは面談で、必ず「あなたとしては何を目指していますか？」という左手確認のプロセスと、「それに対して今はどんな状況ですか？」という右手確認のプロセスを行う必要があるのです。

今の状態を継続して左手と右手がぴったりと合わさるかを質問します。

## ＋アドバイスはメンバーが求めてきてから行う

さらに、情報提供をするときにも順番があります。

「先月はダメだったぞ、今月はこうしたほうがいいぞ」といった、他者評価によるアドバイスや正論を伝えても実行してもらえません。「どうして俺のアドバイスを実行しないんだ」という意味合いになってしまいます。

そうではなく「左手と右手をもっと合わせるためにアドバイスが欲しかったり、相談したいことはありますか？」と聞きます。**いきなり答えを言うのではなく、本人が左手と右手を一致させるために自分から情報を求める状態にする**のです。

左手と右手のギャップを埋めるときには成長が必要になります。

ただし、あくまで主体はメンバー本人です。すぐアドバイスをしたい気持ちを抑えて、まず「あなたはどうなりたいの？　何が理想なのか？」と聞いたり、明確な回答

**「目標達成」に必要な左手と右手**

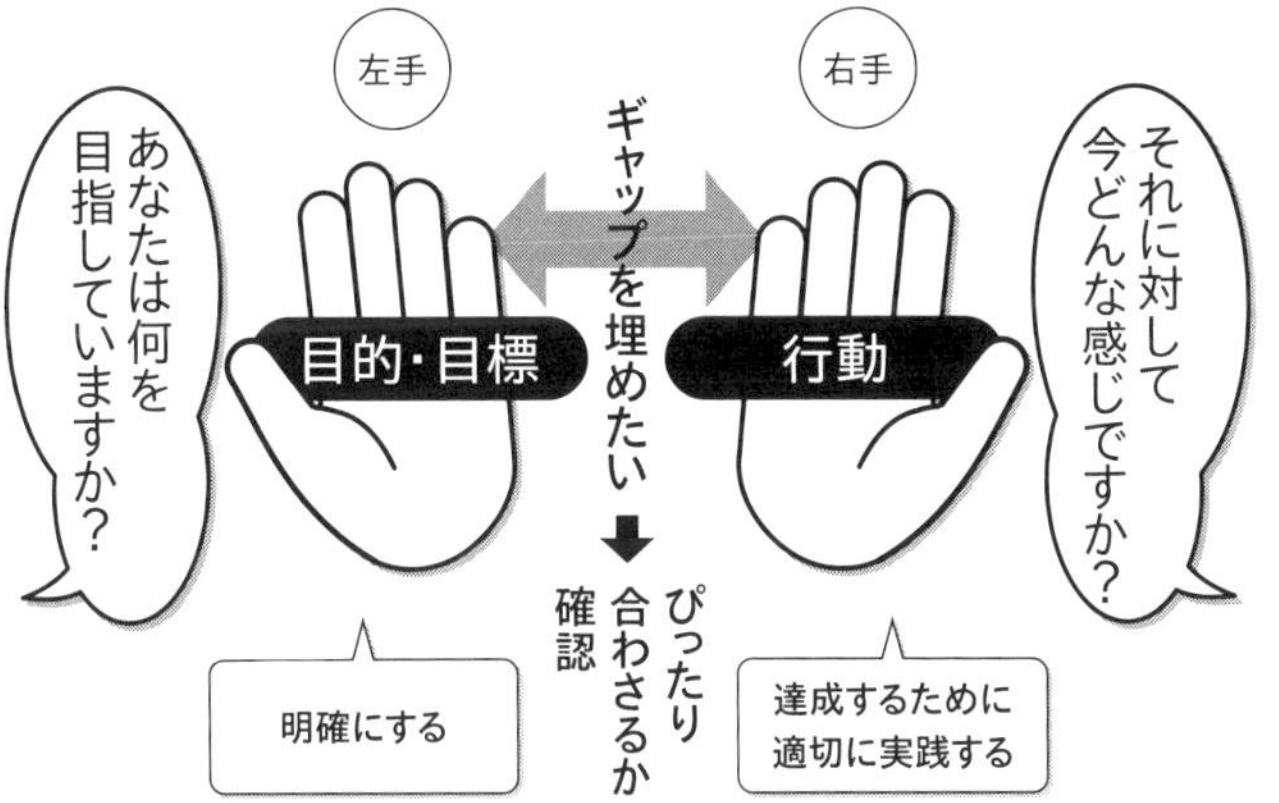


が得られない場合は「私はこれを期待している」とこちらからの期待を伝えてください。

このプロセスを経ると、マネジャーの提供した情報は受け入れられ、実行に移してもらえるのです。

マネジャーの伝えたいことが部下に伝わったかどうかを推しはかる方法はシンプルです。メンバーの行動変容を見ればわかります。

**行動が変わっていたら伝わっている、変わっていなければ伝わっていない。伝わらないのはマネジャーの伝え方が良くなかったから**なのです。

## ＋書籍やロープレなどで情報提供するのもＯＫ

マネジャーがメンバーに提供できる情報にはさまざまなものがあります。例えば、知識が足りないのならば関連する書籍を紹介してみるのもいいでしょう。うまくアポイントメントが取れないならロープレで実際のアポ取りをやってもらいましょう。その際に「自分はそれで過去にうまくいったので、こういう話し方を試したら？」というマネジャーの勝ちパターンを伝えるのもおすすめです。単に知識を伝えるだけでなく、本や実演のような方法もＯＫなのです。

注意してもらいたいのは、正しい手順でマネジャーが伝えたとしてもメンバーが実践するかどうか、決定権はメンバー側にあることです。

求められたから情報を提供した、なのに実行してもらえなかった……というのはマネジャーからすると納得いかないことかもしれません。ですが、本人が内側から気づかないと継続した行動にはつながりません。

相手に伝わるように、マネジャーの伝え方や情報提供のクオリティを磨いていきましょう。

## フィードバックとは「目指す成長に対する現状の情報提供」である

さらに「フィードバック」について深掘りします。

今では当たり前のように使われるようになったフィードバックという言葉ですが、そもそもは軍事用語で「このままいくと目標地点からどれくらいズレて砲弾が着弾しそうか、射手《しゃしゅ》に情報を戻すこと」を指しました。

要するに「このまま進めて予定通りにいくかどうかの情報提供」という意味です。

**ビジネスに置き換えるならば、このままいくと目標＝たどり着きたいところにたどり着けるかどうかの情報提供**になります。

マネジャーがメンバーに対して行うフィードバックがこれです。

メンバー本人が目指す成長に対して現状の情報提供を行います。「このままいくと目標達成しなさそうだから、ちょっとサポートしていい？」と関わります。

例えば、遅刻が多いメンバーがいたら「いつも遅刻しているね。今後も繰り返されると、あなたが目標にしている『周りから信頼されるマネジャーになる』を達成できないと思うので、改善のためにフィードバックしますね」と伝えるイメージです。

また、時には耳の痛いことを伝える必要もあります。

例えば「期日までに仕事を終わらせてプライベートを楽しむことをしたい」と言っているメンバーがいるとします。

そんな彼が時間の使い方がうまくない場合には「いつも忙しそうにして、仕事が終わらずにバタバタと帰っているけど、その進め方だと仕事のことを思い出してプライベートを楽しめないから、ちょっと時間の使い方に改善が必要だと思いますよ」と指南することもあります。

# 「ギャップ・フィードバック」を成功させる3つの視点

そもそもフィードバックには2種類があります。

1つは、**良かったことを伝える「ポジティブ・フィードバック」**です。

相手のどういうところが良かったのか、マネジャーには真似できないすごいところ、今回すごく助けてもらったところなど、相手への感謝を言葉にして伝えるのがポジティブ・フィードバックです。

特に大切なのが、具体性です。何でもかんでも承認するのではなく「このような行動で、このような良い影響が周囲にもたらされた」「私はこのように感じた」など具体的に伝えることがポイントです。

もう1つは、先述の**耳の痛いことを伝える「ギャップ・フィードバック」**です。

選択理論消化不良病（65ページ参照）になると実行がなかなか難しくなってしまうのですが、それでもギャップ・フィードバックによってメンバーは成長を促されます。実践できるよう次の3つのポイントを押さえておきましょう。

## 1. 誰が言うか？

まず必要なのは**「誰が」フィードバックをしているか**です。

まったく知らない人、嫌いな相手からどれだけ正しいことを言われても人は聞く気にはなれません。

ですから第一に、日頃からの人間関係を構築し、上質世界に入っている必要があります。第1章でお伝えした「7つの身につけたい習慣」を継続できていることがポイントになります。

その上で、**フィードバックする内容を実践できていることが大事**です。

例えば遅刻ばかりしているメンバーにフィードバックをするときに、マネジャーも遅刻がちだとしたら、注意をしても「あなたに言われたくない」と思われます。

メンバーにフィードバックする内容をまずマネジャーがきちんと実践できているかを見直してみてください。もしも実践できていないとしたら、マネジャーが自分自身を正すところからスタートです。

## 2.何を言うか？

次に**伝えるべき内容は「現状の把握」「問題点のすり合わせ」「改善計画の立案」の3つの段階**に分けることができます。

**現状の把握では、伝えるべき内容の状況・行動・発言・周囲への影響などを事実に基づいて伝えます。さらに伝え方は「Ｉメッセージ」**で伝えます。

例えば、遅刻について伝えるなら「今日、本来は9時にミーティング開始のところを君は9時10分に参加してきましたね。そのためもう一度要点を繰り返し説明する時間も取り、他のメンバーは一度理解したことをもう一度重複して聞くことにもなりました。遅刻は今回3回目でしたね。私はとても残念に思いました」などです。

**問題点のすり合わせでは、問題の焦点をヒトではなく「コト」**に合わせます。

例えば、お客様からクレームがあった場合に「誰が怒らせたんだ?」となりがちですが、これではヒトにフォーカスして〝犯人探し〟になってしまいます。

そうではなく「何が原因でクレームにまでなったんだ?」というコトにフォーカスします。すると、犯人探しではなく問題解決に思考が向きます。

**改善計画の立案では、同じ問題が起きないよう次への計画を立案**します。

「もしも同じことが起きたら、次はどうするか?」「問題が起きる前日に戻れるとしたら、どう行動するか?」と考え、同じ轍《てつ》を踏まないように考えてもらいます。

## 3. どのように言うか?

最後に伝え方ですが、基本的に遠慮をせずに言うべきことを言うスタンスで伝えてください。

ただし、注意点もあります。

1つは先述のIメッセージです。

Iメッセージで伝えると、主語が「私」なので相手は否定することができません。

逆に**Youメッセージで「遅刻した君は不誠実だ」「君の遅刻でみんなが迷惑した」という伝え方だと「私は不誠実ではありません」「全員が迷惑したわけではありません」と否定**できてしまいます。

**「私は遅刻をとても残念に感じたんだ」「私はこれが続くと、プロジェクトチームで一緒に続けることはできないと感じているんだ」などの「私は」という主語で表現するほうが、受け取りやすい伝え方**になります。

もう1つは感情的にならないことです。

**Iメッセージでも感情的になってしまうと相手には感情だけが伝わってしまい、批判に**なってしまいます。伝えるべきメッセージが伝わりません。

特に、感情的になるとＹｏｕメッセージになりがちです。「感情が高ぶっている＋コトではなくヒトにフォーカス＋Ｙｏｕメッセージで批判的に伝わる」のトリプル効果で人間関係が壊れてしまいかねません。

ポジティブな場合はともかく、ギャップ・フィードバックは難しいわけではありませんが、慎重な取り扱いをしなければいけません。

ですが「誰が」「何を」「どのように」を押さえておけば、マネジャーとして伝えなければいけない厳しいことを、メンバーに伝えることができるのです。

**マネジメント同様、フィードバックも技術**ですので、ぜひ身につけましょう。

\ 第2章 /
**Check List**

- □メンバーの左手「目的・目標」と右手「行動」を一致させる支援をする
- □マネジャー自身の働く目的を「自己開示」する
- □目的・目標を明確にする「質問のレパートリー」を増やす
- □「同行指導」で仕事を願望に入れる
- □会社や商品誕生の「歴史を語る」
- □「期待」を伝える
- □「数字の計算」ではなく「メンバーの成長から逆算」をする
- □フィードバックは「目指す成長に対する現状の情報提供」と心得る

Column

## 目的は「感謝の気持ち」から生まれてきやすい

本章でお伝えした左手＝目的・目標のうち「目的」は利他的な内容で表出されるのが望ましいです。利他的な目的は「感謝の気持ち」から生まれることが多いです。

そこで参考程度ではありますが、アチーブメントが実践している採用方法についてここでお伝えします。アチーブメントでは新卒でも中途でも、採用過程で感謝の価値観を持ってもらえるよう工夫を凝らしています。

会社説明会では、社長もしくは採用責任者が登壇し、アチーブメントの目的やビジョンを必ずプレゼンします。それに共感して、一緒に目的達成をしてくれる人だけに入ってもらう「理念共感型採用」にしているためです。

加えて、アチーブメントを個々人の自己実現の場にもしてもらいたいと思っているので、就活生の人生や仕事に対する目的意識も明確にしてもらうことを二次選考・三次選考の段階で行います。

アチーブメントの本を読んでもらったり、無料学生セミナーに参加してもらいながら本人の人生の目的・目標を明確にするサポートをします。その上で、目的を遂げる舞台としてアチーブメントがふさわしいと感じてもらえたら実際に入社してもらうのです。

この採用方式では、応募者を「顧客」と捉えます。顧客ですから、アチーブメントに関わって良かったと思ってもらえるよう、価値を提供する採用になるわけです。

結果として「アチーブメントに出会ったことで目的・目標を考えるきっかけをもらった」「目的・目標を明確にできた」「人に話せるプレゼンやリーダーシップについて、自分なりに成長

Column

を実感できた」という声をいただいています。従来の見極め採用ではないため、仮に応募者がアチーブメントを選ばずに他の会社へ就職を決めたとしても、それは良いことだと考えています。結果、多くの学生から「感謝」の声をいただきます。

「感謝の採用」の根底には、アチーブメントにエントリーしてくれた方々へのこちらからの感謝の気持ちがあります。

かつては年間2万5000人、現在では形式を絞った形でも年間7000人ものエントリーがあるアチーブメントですが、一貫して応募してくれた方へ感謝しています。こちらの感謝が伝わることによって、相手も「私のことを思ってくれる良い会社だ」という感謝の価値観を持って入社してもらえると考えているからです。あなたはメンバーに対してどのくらい「感謝」をしていますか？　その思いを言葉や態度で日頃どの程度メンバーに伝えていますか？　ここで考えてみるのもいいかもしれません。

# 第3章

## 組織効率を向上させるための「水質管理の技術」

# 5人以上のメンバーをまとめる「スパン・オブ・コントロール」

経営学用語に**「スパン・オブ・コントロール」**があります。**1人の管理者が直接管理できる部下の適正人数は5～8人（10人という説もある）**というものです。

少人数であればマネジャーが末端まで目が届いていたところから、一定の人数を超えてくると右腕・左腕の存在が必要となってきたり、時間の使い方を変えたり、マネジメントの力の入れどころが変化してきます。

人が2人以上集まると組織になります。そしてチームのメンバーが複数人になってくると、マネジャーとメンバーの1対1の関わりから、メンバー同士の関わり合いも増えてきます。

そうなると、メンバー同士の人間関係の葛藤や、声の大きいメンバーと発言が苦手なメンバーがいたり、チームのルールを破るメンバーと、それが気になっているが何も言えないメンバーが出たりします。

組織ならではの問題やマネジャーが対応すべき事象が増えると、必要になってくるマネジメント技術も新しいものになるのです。

そもそもマネジャーには「部下育成」と「組織効率の向上」という2つの責任が求められます。前者は1対1のマネジメント、後者は1対多のマネジメントです。

部下育成についてはここまでにお伝えしてきましたので、ここからは組織効率の向上のための技術に話を移していきます。

そこで重要になってくるのが、本章でお伝えする「水質管理」です。

その**組織の「水質」、つまり「文化や風土、当たり前の基準」をコントロールするという技術が必要となってくる**のです。

## ＋水質管理は「組織文化」を管理すること

「水槽理論」というものがあります。

1つの水槽をイメージしてみてください。水槽の中には、多くの魚が元気に泳いでいます。しかしあるとき、その中の1匹の調子がおかしい、少し元気がなくなってきました。

あなたならそんなとき、どうしますか？

恐らく、その具合の悪い魚を一度外に出して、治療やケアをして、再度元気になったら元の水槽に戻すということをすると思います。

ですがどうでしょう。また数日すると、その魚の元気がなくなってきたのです。

さて理由は何でしょう？　そうです。「水が汚れているから」です。

最初の1匹は特に免疫が低く具合が悪くなるのが早かっただけで、時間が経つと、

**水槽理論**

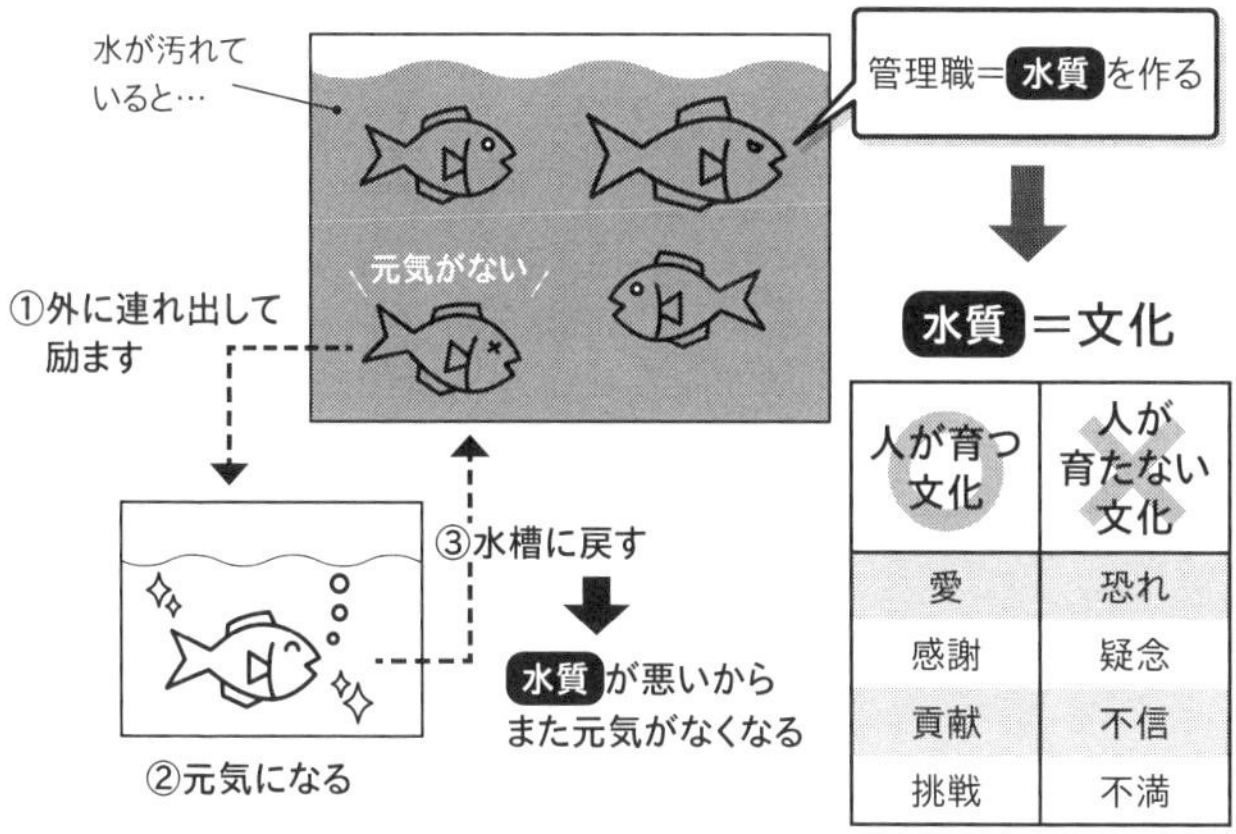


この水槽の中にいる他の魚も元気がなくなり、たちまち具合が悪くなるでしょう。

この「水」のことを「水質＝組織の文化、風土」と言います。

同様にマネジャーも**複数人のメンバーをまとめるためにはチーム・組織の〝水質〟に着目し、管理**しなければいけません。

水質管理の技術では**組織や企業を「水槽」**と捉え、そこで**働く人々をここでは「魚」に置き換える**ことができます。店舗型のビジネスで言えば、お店そのものが水槽、そこで働くメンバーたちが魚になるわけです。

**水質は「組織文化」**です。適正な水質でないと魚が死んでしまうように、適正な組織文化でないとメンバーも不調を起こしてしまいます。

ですから、マネジャーは組織文化の管理を行う必要があるのです。

## 水質管理で「人が育つ文化」を醸成するのが究極のマネジメント

**組織文化とは「その組織に滞留している目に見えない『当たり前の基準』」**です。

例えば、ある組織では出社したら元気に「おはようございます」と挨拶するのが当たり前だったり、逆に挨拶をしないのが当たり前だったりします。

もしくは、11時にミーティングをする場合に、時間前に全員がきっちり揃っているのが当たり前のこともあれば、ダラダラと少しずつ集まって10分遅れて始まるのが当たり前の組織もあったりします。

ゴミを分別するのが当たり前の組織もあれば、ゴチャゴチャにしておいて構わないのが当たり前の組織もあるでしょう。

一人ひとりが最後の最後まで達成を目指すことが当たり前の組織もあれば、難しそうだと思ったら早い段階であきらめるのが当たり前の組織もあるかもしれません。

そんな当たり前の基準が組織文化です。企業文化と言い換えてもいいでしょう。

マネジャーにまずお願いしたいのは**「あなたのチーム・組織・企業の文化＝水質が一体どのようなものであるか」を振り返る**ことです。

水質はルールによって定められるものではありません。

例えば、ミーティングでは「黙って話を聞くのがルール」「全員が積極的に意見交換するのがルール」「最後まで達成を目指すことがルール」と定めたとしても、個々の性格や気質が違う以上、どこかに歪《ひず》みが生じてしまいます。

**文化づくりはまず「人として当たり前に大切にしたほうがいいこと」を大切にすること**から始まります。

時間を守る、挨拶をする、ゴミをきちんと捨てる……など他にもいろいろと挙げられるとは思いますが、このような文化はルール化するものというよりは「人として大切にしたいこと」として組織の中に自然と根付いていくことが理想です。

経営学者のピーター・F・ドラッカーが残した言葉に「Culture eats strategy for breakfast.（文化は戦略を朝食として食べてしまう）」というものがあります。

意訳すれば「戦略も、企業文化の前では歯が立たない」という意味です。

いくら優れた戦略があっても、それを実行する人や組織の思考や行動、習慣や文化によっては、その戦略の効果が充分に発揮されない場合もあるということです。

このように**良い文化を醸成して組織の水質を良いものにし、最終的にはそこに「人が育つ文化」が生まれる**ことを目指していきしょう。

次々と人が入ってきたら、その人が組織文化に触れて、成長と挑戦を選択し育っていくチームが作れたらどうでしょうか？

それこそが「究極のマネジメント」と言えるものです。

# 人が育たない文化を人が育つ文化に変える2つの方法

人が育つ文化に対して、人が育たない文化もまた存在します。

**人の育たない文化とは「誹謗、中傷、不平、不満、不信、疑念（疑心）が蔓延している状態の水質」のこと。一言で言うと「恐れ」が生まれる組織**です。

誰かが何かを提案しても「無理だ」「できない」という言葉が飛び交います。「これを大事にしよう」と発言すると「本当にそんなことが大事なのか？」という批判の声が上がったりします。

さらに、お互いに裏で陰口を言い合ったり、その習慣によって「自分はどう思われているだろう」と一人ひとりが疑心暗鬼になったり、「これを言ったら怒られるんじゃないか」と不安になったり、徐々に「恐れ」が支配していきます。

これでは人が育ちません。

もしもピカピカの新人がそんな文化の組織に入ってきたらすぐに心を病んでしまうか、あるいは水質に馴染んでしまって同じように悪口を言ったり、他者を否定するような人間になってしまうでしょう。

一方で、**人が育つ文化は「感謝、応援、チャレンジなどの肯定的な発言や態度がたくさん出ている状態の水質」**です。

所属する人間は前向きで、協力的で、お互いに尊重し合い、感謝し合います。チャレンジすることを応援してもらえる姿勢があるので、積極的に何かの行動を起こそうという空気にあふれています。

恐れが生まれる水質と感謝にあふれた水質、どちらが人が育つかと言われれば、一読しただけでも後者とわかるでしょう。そんな、水質を良くするための方法が2つあるのでご紹介します。

## 1．1匹1匹の魚が強い魚になる

1つ目の方法は、その**水槽にいる魚＝所属するメンバーたちを、ちょっとやそっとの水の汚れでは具合が悪くならないよう鍛え、タフな「強い魚」にする**ことです。

強い魚とは「目的・目標が明確で、主体的で、人の影響を受けずに達成する人」のことです。第1章〜第2章でお伝えしてきたメンバー育成、個人の成長を創り出す関わりが大事になってきます。

本当は採用段階で、目的・目標を持ち主体的な人材をしっかりと採用していくことが理想です。

ただ、実際のところそのような人材ばかりを採用しようとしても最初は出会えなかったり、逆に狭き門となり組織のマンパワーが足らない事態にもなりかねません。

どうしても元々目的・目標を持っているタフで強い魚は多くはないのです。

それに人間は他者や周囲から影響を受けざるを得ない生き物です。

中国戦国時代の儒学思想家・孟子の『水の低きに就《つ》くが如し』にあるように、人は無意識のうちに楽なほう（安易な道）へと流されてしまう部分があることは避けられません。

アチーブメントでは、組織づくりの中で、目的・目標を持って自ら成長していく人材を採用し、育ててきましたが、最初からそうであったわけではありません。時間をかけて徐々に社員一人ひとりが目的・目標達成型の人材に成長してきたのです。

## 2.「共通目的」「協働意欲」「コミュニケーション」を大切にする

**魚を強くするのと同時に、水槽の中の水を入れ替えてきれいに**していきましょう。

アメリカの経営学者であるチェスター・バーナードは組織が成立するための3つの条件として「①共通目的」「②協働意欲」「③コミュニケーション」が必要不可欠であると定義しています。

共通目的は「誰のために、何のために、なぜ私たちのチーム・組織が存在しているのか」という組織のパーパスを語ることです。

協働意欲は、互いに協力し合いながら物事を成し遂げようという意識です。「何か私にできることはありますか?」「何か協力できることがあったらいつでも言ってくださいね」というような言葉を意識的に発信し、お互い協力し合って仕事をすることを強く推奨するのです。

コミュニケーションは、情報共有やお互いの発信です。トップ１人がいつも発信しているのではなく、メンバー一人ひとりがそれぞれの役割、立場から、組織全体に情報共有すべきことを発信していくように推進します。

特にコミュニケーションにおいて重要なのは「レスポンス」です。

最近は直接のコミュニケーションだけではなく、社内チャットやグループ掲示板などで情報発信されることも多いと思います。誰か発信者がいるわけです。その人は何か情報共有したい、あるいは何かのアクションを起こしてほしくて発信しています。

水質が悪い組織は、この発信者に対するレスポンスがありません。

いいねマーク、確認しました、承知しました、今実行しました、などの一言でもレスポンスがあるだけで発信者は組織へのエンゲージメントが高まります。
逆にレスポンスもなく、実行もされなくなると、組織全体への信用を失うだけではなく「どうせ発信しても意味がない」と無関心な状態になります。

人が育つ水質に変えていくためには、この「組織成立の3条件」を会議やメンバーとの面談で伝えましょう。そして積極的に「協働意欲」と「コミュニケーション」を取ってほしいことを伝えていきましょう。

この組織成立の3条件が根付いてくると、例えば「時間や期日を守る（遅刻しない）」ことであっても発信の仕方が変化してきます。
「時間や期日を守らないのは悪いこと」という発信ではなく「遅刻＝他者の時間を奪うことなので誠実ではない。仲間に誠実であるためには時間を守るようにしましょう」という発信の仕方になったりします。

他にも、「期日を守らないのは悪いこと」ではなく「期日を守ることが同僚や他部署への貢献や感謝になる」や、「失敗するのは悪いこと」ではなく「失敗してもみんながそこから学べるものがあるから事例共有お願いします！」など、なぜそのことが重要なのか意味づけをして肯定的に伝えることが大切です。

このように**①共通目的、②協働意欲、③コミュニケーション、をチーム・組織に根付かせることが「水質管理の技術」**なのです。

## 最も影響力を持つ「トップ」の発言や態度が水質を決める

**良い組織文化をチーム・組織に根付かせるためには、やはりマネジャーの発言と態度をセルフ・マネジメントしていくことが肝心**になります。

どれだけ水槽の中に魚がたくさんいても、最も影響力を持つのは「群れの親玉（トップ）」だからです。チーム・組織ではマネジャーですし、企業全体で考えれば社長です。トップが発している言葉、取っている態度を他のメンバーは真似しますし、組織においては重んじられます。
だからこそ、トップの発言と態度を変える必要があるのです。
そこでポイントとなるのは**「そもそもこの組織ではどのような価値観を大切にしていきたいか?」を言語化する**ことです。**そしてトップ自ら行動で体現する**ことです。そして**発信して「共感」を作る**ことです。**共感を作るためには「物語」を語る**ことが必要です。

アチーブメントの例にはなりますが、アチーブメントでは『コーポレートスタンダード』という100ページを超える冊子を作成し、すべての従業員に配布しています。冊子には企業のパーパスや企業の戦略、部門ごとの年間方針や目標から、他にもロゴの形状と色に込められた思いまで、「アチーブメントではどのような価値観を大切にしていきたいか?」が言語化されています。

さらに、一例として『コーポレートスタンダード』内に「アチーブメントフィロソフィー」という7つの行動指針があります。
①達成、②責任、③情熱、④協力、⑤スペシャリティ、⑥挑戦、⑦規律の7つからなり、アチーブメントの社員としてふさわしい行動や大切な価値観、どのような人間集団であるかを表現しています。
例えば「①達成」であれば「私たちは自己の定めた目標に対しては100%の達成を誓います」という文言があります。そしてトップ自ら最後まであきらめずに達成にこだわる姿勢を体現します。

このようにアチーブメントでは『コーポレートスタンダード』で価値観を言語化したら、次にそれを共感してもらえるように働きかけます。
例えば、マネジャーが朝礼で『コーポレートスタンダード』に則した内容を話すのです。先述の「①達成」で言えば「私たちがなぜ達成にこだわるかというと、その姿勢を見てお客様はもっとこの組織、この担当から学びたいと思ってくださるからです。実際に、私が担当していたお客様とのエピソードで……」などと具体的な物語を添えてメッセージを伝えたりします。

入社1年目と10年目では出している成果に違いはありますが、そこを比較するのではなく「一人ひとりがアチーブメント社員として最後まであきらめずにチャレンジする」という誰でもできる姿勢にフォーカスしているのです。

なぜなら、それこそアチーブメントが大事にしてもらいたいことだからです。

このような活動を日々行っていると、自然と組織の水質が「最後まで達成にこだわることを大事にしている会社だ」となり、そこに棲む魚＝メンバーたちも「組織が大切にしていることを一緒に大切にする」という価値観で生きられるようになっていきます。

水質が合わなかったり、そのような水質を「面倒だ」と感じるようなメンバーがいたら自然と離れていきます。ですが、それは残念ですが仕方のないことです。アチーブメントでは、自社の水質文化を守り続けることが大事だと考えているからです。

## ＋もしも企業理念が「ない」「お題目」になっていたら？

さらに補足します。

読者の所属する企業の中には、企業理念やビジョンなどが存在しなかったり、存在していても〝お題目〟になって機能していないところもあるかもしれません。

そんな場合は「あなたの組織」をきれいな水質にするところから始めます。


**糸口となるのは「『マネジャーが考える人として大切なこと』を大切にする」という価値観**です。「挨拶をする」「時間を守る」「目標を達成する」「お客様に誠実さを貫く」「仲間に感謝する」「自分の成長を大事にする」など、人として当たり前のことを組織に発信し、充満させていきましょう。

そうすることで、仮に企業理念がない企業であっても、あなたのチーム・組織のメンバーがイキイキと仕事をし、成果を出すことで他部署や全社にも良い影響を及ぼすことができるかもしれません。

さらに**「会社は個々人の自己実現の舞台である」という価値観**を入れます。10人くらいの小さな組織であっても、メンバーは一人ひとりがそれぞれの人生をかけて仕事をしています。会社という舞台を通して演舞し、自らの人生を歩もうとしているのです。

だからこそ、舞台はみんなのものであり、汚すようなことをしてはいけません。このような価値観を組織に発信し、充満させていきましょう。

すると、あなたの組織・チームのメンバーが次にマネジャーになってチームを持ったときに、同じような価値観を重んじるチームを作ってくれます。

長い時間軸でこのような現象が増えていけば、もしかすると会社全体が良くなる可能性もあります。会社に不満を持つのではなく、まず自分のチームを人が育つ文化にすることに全力投球しましょう。

# 水質はいきなり全部変えない。半分ずつソフトランディング

人の育たない組織から人の育つ組織へ――悪い水質を良い水質へ変えていこうとするときに注意してもらいたいことがあります。

それは「いきなり全部の水を入れ替えないこと」です。

もしも、マネジャーがいきなり「明日から必ず挨拶するチームにしよう」「プラスのことしか話さないでいこう」「時間を毎日絶対に守ろう」のように水質をがらりと変えようとすると、必ずと言っていいほど歪が生じます。反乱分子が生まれます。

特に中小企業のような小さな組織の場合は、離職が多発して企業の運営そのものが立ち行かなくなってしまう可能性もあるでしょう。

**ポイントは半分ずつ、もしくは少しずつ変える**ことです。ハードランディングではなく、ソフトランディングで進めてください。

**まずは、メンバーの話を聞く**ところから始めます。

入社動機や過去に充実を感じたこと、どんなタイプのプロになりたいかについて聞きます。しっかりとメンバーの思いに耳を傾けると「お客様から感謝される人になりたい」「付加価値をもっと上げたい」「一度の人生なのでチャレンジをしたい」など、何かしらの肯定的な思いを持っているメンバーも実は多くいるのです。

そうしたら**マネジャーはその言葉を一旦は受け止め、「自分にも作りたい組織がある」と会社が自己実現の舞台であることを伝える**のです。

例えば「挑戦・応援・達成する組織を作りたいんだけど力を貸してくれませんか？」と問いかけると、「いいですね」というメンバーも現れてくるかもしれません。メンバーは想像以上にチームや組織のことをしっかり考えてくれているものです。

その上での行動の変化を提示していきます。

もちろん、ソフトランディングです。「まずは挨拶を大事にしよう」くらいの小さな変化を1つずつ起こしていくのです。

イメージは**水槽の水を半分だけ入れ替え、次にまた半分だけ入れ替え……を繰り返していく**ことです。

## 「なぜ変える必要があるのか?」の声には企業理念に立ち返る

水質を変えようとするときに「どうしてそんなことをする必要があるんですか?」という声が上がることも考えられます。

人間にはホメオスタシス(恒常性)という機能が備わっています。「身体に何かしらの変化が起きたときに、それを元に戻そうとする(現状維持しようとする)能力」のことです。平たく言えば「人間は変化を好まない」ということです。

ですから社内で起こる変化に対して反発とまではいかないまでも、理由を知りたがったり、変化への不安が表出することがあるのです。

そんなときに、マネジャーが「いいから私の言う通りにやれ」ではいけません。かといって、ここまでお伝えしてきたことを「リードマネジメントに水質管理という技術があって……」とすべて説明するのもなかなか難しいでしょう。

ですから、ここではまず**企業理念に立ち返る**ことをおすすめします。もしも**企業理念がない企業であれば、チームを「人が育つ組織」にしたいこと**を伝えましょう。

アチーブメントの例にはなりますが、アチーブメントの企業理念は「上質の追求」です。「選択理論を基にした高品質の人財教育を通して顧客の成果の創造に貢献し、全社員の物心両面の幸福の追求と社会の平和と繁栄に寄与すること」を目的に、世界最高峰の人材教育コンサルティング会社を目指しています。

人と組織の目標達成を支援する上で、世界で最も効果性が高いクオリティ世界最高峰を目指している企業なのです。もしも私が、メンバーから水質を変える理由を聞かれたら、「理念ビジョンを実現するため」と答えるでしょう。

これはアチーブメントを受講してくださっている方から聞いた話ですが、メジャーリーグのニューヨーク・ヤンキースは「世界一のチーム」を目指しているそうです。その価値観はプレイヤーだけでなくスタジアムのグラウンドキーパー（グラウンド整備士）にも徹底されていて、彼らはユニフォームを着て時間通りに出社し、きっちり真剣に仕事をして帰ります。決して手を抜くことはないのです。

受講生の方がその理由を聞いてみると、彼らはこう答えたそうです。

『それは我々がヤンキースのグラウンドキーパーだからだよ。ヤンキースは世界一のチームだ。そんなチームのキーパーなら、これくらいして当たり前だよ』

ニューヨーク・ヤンキースでは、そこで働く人すべてに「ヤンキースは世界一になるチームである」という価値観が徹底されて守られているのです。

このような水質で運営されているからこそ歴代最多の優勝記録を誇り、メジャーリーグ屈指の名門球団と呼ばれているのかもしれません。

アチーブメントも世界最高峰を目指しています。

だからこそ「今よりもより良い組織に変革していこう。それがお客様への貢献につながるからだ」という思いで水質を変えていくことを伝えるわけです。

あなたも、メンバーから「何のための」と問われたときは、企業理念に立ち返るか、自分自身の「左手」に立ち返ってみてください。

左手とは「目的・目標」でしたね。あなたが**「何のために、誰のために、なぜ働いているのか?」を明確にし、企業理念に則してどのようなチーム・組織であるべきなのかを模索する**ところから始めましょう。

もしかすると、これは時間のかかることかもしれません。ですが、複数人のメンバーをまとめ、組織効率を向上させ、組織のパフォーマンスを最大化させていくためには、通らなければいけない道なのです。

＼第３章／
Check List

□自分の組織の「水質・文化」がどのようなものかを振り返る
□「感謝・応援・チャレンジ」など肯定的な発言や態度が多い人が育つ文化をつくる
□「共通目的」「協働意欲」「コミュニケーション」の大切さを発信する
□組織内の発信には、レスポンスして無視をしない
□会社が大切にしている価値観を明文化し、マネジャー自ら行動で表す
□水質はいきなり変えようとしない。半分ずつ、少しずつ変える

Column

## 「トップ」が変わると「組織の水質」も180度変わる

まだ私がマネジメント駆け出しで、東京営業部だけを管轄していたときの話です。当時の東京営業部は人数も25名を超えており一人では見切れないほどの組織規模に拡大していました。「少数化すると精鋭化される」という言葉もありますが、逆に言えば「大人数になると一人ひとりの当事者意識が薄れていく」ということが組織の至る所で発生していました。

掃除の時間になっても、取り組んでいる人とそうでいない人がいる。朝礼に参加しましょうと掲げているが実際には参加せず外出している人も目立つ。挨拶も元気がなく、外出しても行き先が書かれていない。当時はオンラインでのミーティングはなくすべてリアルでしたが、時間になっても皆がそろっていない、など組織にさまざまな“ほころび”が生まれていました。

私はその組織のトップとして、目標達成をしている月もありましたが、明らかにチームをまとめきれずに苦戦していました。

その時期、私にマネジメントのいろはを教えてくれた上司が全国統括本部長として180度組織の変革を行いました。まず会議の場で、はっきりと皆に対してメッセージを発信しました。

「皆さんは、一人ひとりが自分株式会社の代表取締役です」

「会議では重要なアナウンスだけを扱っています。そこで扱われた情報を代表取締役としてキャッチし、仕事の質でアウトプットできなければ、あなたという会社は信用を失っていきます。会議は別の仕事をしながら聞くのではなく、情報のインプットに集中しなさい。それがあなたの信用を守ります」

「ミーティングの時間、掃除の時間、朝礼の出席、外出時の行き先と戻り時間を明確に守ってください。ルールだからではありません。一人ひとりの行動の基準がこの組織の基準を決める

Column

からです。あなたはこの組織に大きな影響力を持っている当事者であると自覚してください」

「組織は多くの仲間が人生を懸けて選んだ自己実現の舞台です。みんなの舞台です。あなた一人の舞台ではありません。だから簡単に汚してはいけませんよ。あなたの基準で仲間の舞台を守ることができるのです。組織を作っている自覚を一人ひとり持ちなさい」

言葉には厳しさもありましたが、伝わってきたのは「一人ひとりの存在や影響力に対する敬意」でした。そこから組織は180度変化し、一人ひとりが挨拶や掃除、時間を守り、会議の生産性も上がり、一体感のある組織に変貌を遂げていきました。

トップが変わると組織が変わります。それは「大切にしてほしい価値観を、なぜ大切にしてほしいのか？　大切にすることでどのような未来があるのか」を突飛明確に語り、それを強く通し切っていくリーダーシップにより、組織は変わるからです。

# 第４章

## マネジャーが自分の仕事を実行するための「委任する技術」

## 「本当にやるべきこと」に集中するためのタイム・マネジメント

監督するメンバーの数がスパン・オブ・コントロールの枠を超えるようになると、マネジャーの仕事も次のステージへと移っていきます。

マネジャーの下に右腕・左腕となるリーダークラスのメンバーが生まれて、彼らが末端のメンバーたちに仕事を細かく教え、同行指導できるようになった状態では、マネジャーが新人の教育を手取り足取り行うことはしません。

リーダークラスや先輩陣が若手メンバーの指導を行うようになります。

このステージになるには、マネジャーはリーダークラスへ上手に仕事を委任する技術を身につける必要性が出てきます。

それまで**マネジャーが行っていた仕事をリーダークラスへ上手に委任して自分の時**

**間を作り、「本当にやるべきこと」へシフトしていく**のです。

ただこのときに、リーダークラスへ「あとはよろしくね」と任せっきりにするのはリスクがあります。それではただの〝放任〟になってしまい、委任とは異なります。

逆に上手に委任することができればマネジャーは自分の時間を捻出することができ、本当にやるべきことに集中できます。

そのような意味で、本章でお伝えする**「委任する技術」は組織の目的・目標を達成するためのタイム・マネジメントの方法論**とも言えます。

## ＋「委任」と「放任」の違いとは何か？

では「委任」と「放任」の違いは何でしょうか？

**放任は、平たく言えば〝丸投げ〟です。「何のためにその仕事をリーダークラスへ任せるのか」という任せる意図がない**のです。

ただ自分の仕事を減らしたい、面倒な作業から手離れしたい、自分がイッパイイッパイで手が回らないからやらせる……このような状態になると、丸投げの任せ方になってしまいます。

放任で仕事を丸投げにしてしまうと、任せられた側は自分の力量や基準で仕事をします。「何のためにこの仕事を任せられたのか」ということを伝えられていないので、そうなるのは仕方がありません。

たとえリーダークラスであっても、メンバーの力量（判断基準や視座、経験からくるスキルや知識など）はマネジャーに比べるとどうしても落ちざるを得ません。

**リーダークラスが自分の力量や基準で仕事をしてしまった結果、本来であればマネジャーが10の成果を出せるところを5の成果しか出せないような事態に陥ってしまう**こともあり得るのです。

これなら「任せずに自分がやったほうが良かった」と思ってしまうだけでなく、組織的な成果も出せなくなるため、マネジャー自身の本来目指したパフォーマンスも出せなくなってしまいます。

**大切なのは「任せる意図」を持って任せること**です。

そして、**任せる意図は「マネジャーが実行したときと近い成果を作ること」「その成果を出すための判断や観点やスキルを部下に分かち合うこと」**です。

つまり「任せる」ことも「育成すること」が目的なのです。

経営の神様・松下幸之助氏は人の育て方、活かし方に『任せて任せず』という言葉を使われています。

「仕事は大胆に任せる、しかし任せっ放しではいけない。適時適切に報告を聞き、事と次第によっては的確な指導、助言を与えなければならない。それが責任者の務めである」という意味です。

**委任とは、まさに「任せて任せず」の状態**と言えます。

序章でも触れましたが、任せたあとの関わり方が重要になってくるというのは、まさにこのことです。

## パレートの法則とプライオリティ・マネジメント

マネジャーがリーダークラスに、あるいはメンバーに上手に委任をする際には「何を委任するか」「委任したマネジャーはそのあとに何をすべきか」を具体的にしなければなりません。

その糸口となるのが「パレートの法則」と「プライオリティ・マネジメント」の考え方です。

**パレートの法則は、イタリアの経済学者ヴィルフレド・パレート氏が発見した統計モデルで「全体の2割の要素によって、結果の8割が生み出されている」というもの**です。「80：20の法則」とも呼ばれます。

仕事に置き換えるなら「実行すべき業務のうちの2割の優先事項をきちんと実行す

ることが成果の8割を決定する」という原則です。

では「2割の優先事項」とは何か？

これを解き明かすための考え方がプライオリティ・マネジメントです。

**プライオリティ・マネジメントとは「自分の行動に優先順位づけをしていく技術」のこと**です。

すべての行動は「重要度」と「緊急度」で分けることができます。度合いの「高い／低い」をそれぞれマトリクス化すると、次の4つの象限に分けられます。

プライオリティ・マネジメント

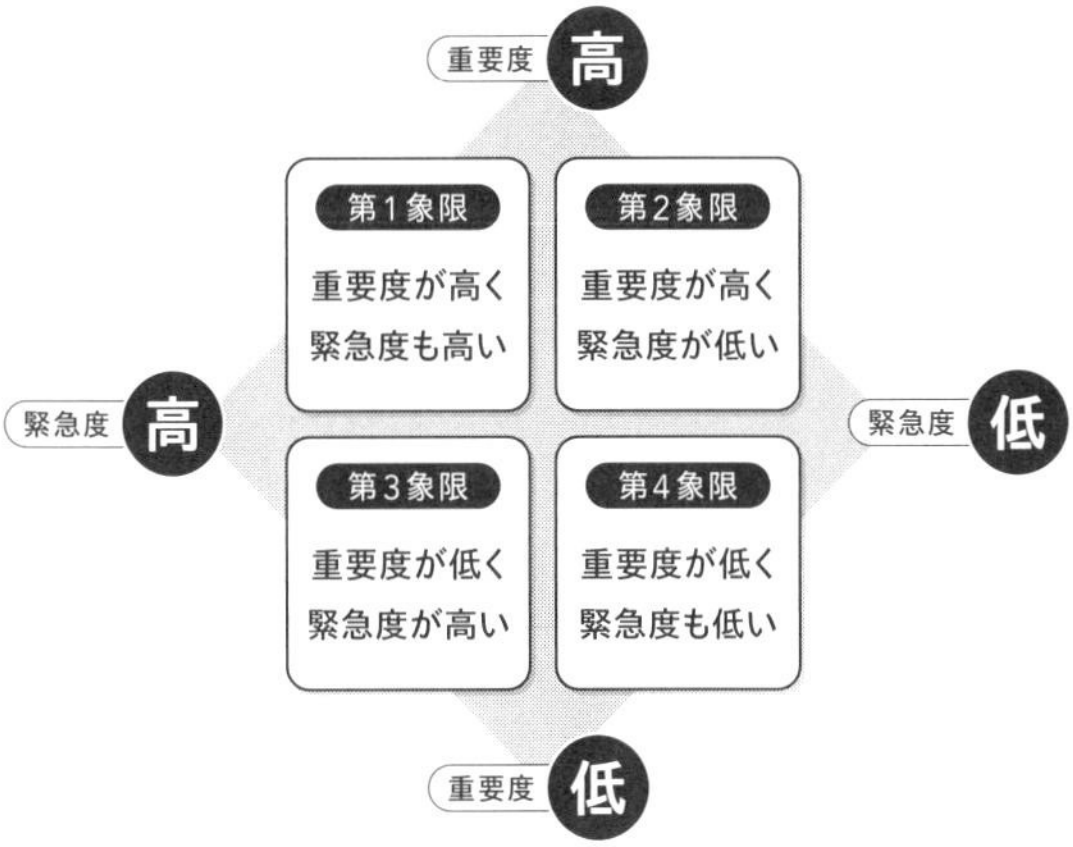

・第1象限：重要度が高く、緊急度も高いもの
・第2象限：重要度が高く、緊急度が低いもの
・第3象限：重要度が低く、緊急度が高いもの
・第4象限：重要度が低く、緊急度も低いもの

**成果を出すために外してはならないのは「第2象限：重要度が高く、緊急度が低いもの」の仕事**です。

**マネジャーが委任する技術を使って「本当にやるべきこと」として実行するべきなのはこの「第2象限の仕事」**です。

まずはこのことを認識しましょう。

# L字型行動のマネジャーとZ字型行動のマネジャー

プライオリティ・マネジメントをベースに考えたとき、マネジャーは2つのタイプに分けることができます。

「L字型行動のマネジャー」と「Z字型行動のマネジャー」です。

## ＋L字型行動のマネジャーは「緊急度」の軸で生きている

多くの〝忙しい〟マネジャーはL字型の行動を取ります。

まず、第1象限の仕事に対応します。クレーム対応、今日中に決裁しなければいけない書類の整理、緊急の会議への出席、突発的なトラブル、いきなり「辞める」と言い出した部下の説得などです。

緊急度も重要度も高いため対応せざるを得なくなり、時間と脳のリソースの多くを取られてイッパイイッパイになってしまいます。

それが終わると、次に緊急だけどさほど重要ではない仕事に取り掛かります。急に来た電話やメールや来客の対応をしたり、定例会議に出席したり、急な相談や飲み会に深い意図もなく参加をしたり、思いついた仕事に着手するなどです。

そして最後に、緊急でも重要でもないことをします。時間潰しのためにSNSを見たり、意図もなく動画サイトやまとめサイトを見るのです。必要な情報を得るための行動であればいいですが、多くの場合で休憩や時間潰しに終始してしまいます。

L字型行動を取るマネジャーは「緊急軸」で生きています。

なぜなら、**基本的に仕事の意識が事後対応の視点であるため、必然的に対応しなければいけない緊急度が高いもの（高そうなもの）に焦点が合い、優先順位を上げてしまう**のです。

さらに言うと、L字型行動で第1↓第3↓第4の順で各象限のタスクをこなすと達成感があります。言い方は悪いですが〝仕事をした気になる〟のです。

ですが、緊急なことが優先されているので組織の将来が作られません。人間の時間はみんな平等に24時間しかありません。緊急軸でイッパイイッパイになると、本当にやるべき第2象限の仕事をするためには睡眠時間を削るしかなくなり、結果として「実行する時間がない！」となってしまうのです。

## ＋Z字型行動のマネジャーは「重要度」の軸で生きている

一方で、優れたマネジャーはZ字型の行動を取ります。

緊急かつ重要な仕事に対応したあとは、第2象限の仕事に取り掛かります。

例えば「将来のための採用」「新商品開発のための考察」「マニュアル作り」「オフィスの環境整備」「今後の営業戦略を練る」「メンバーのトレーニング」など、未来の

## L字型行動とZ字型行動

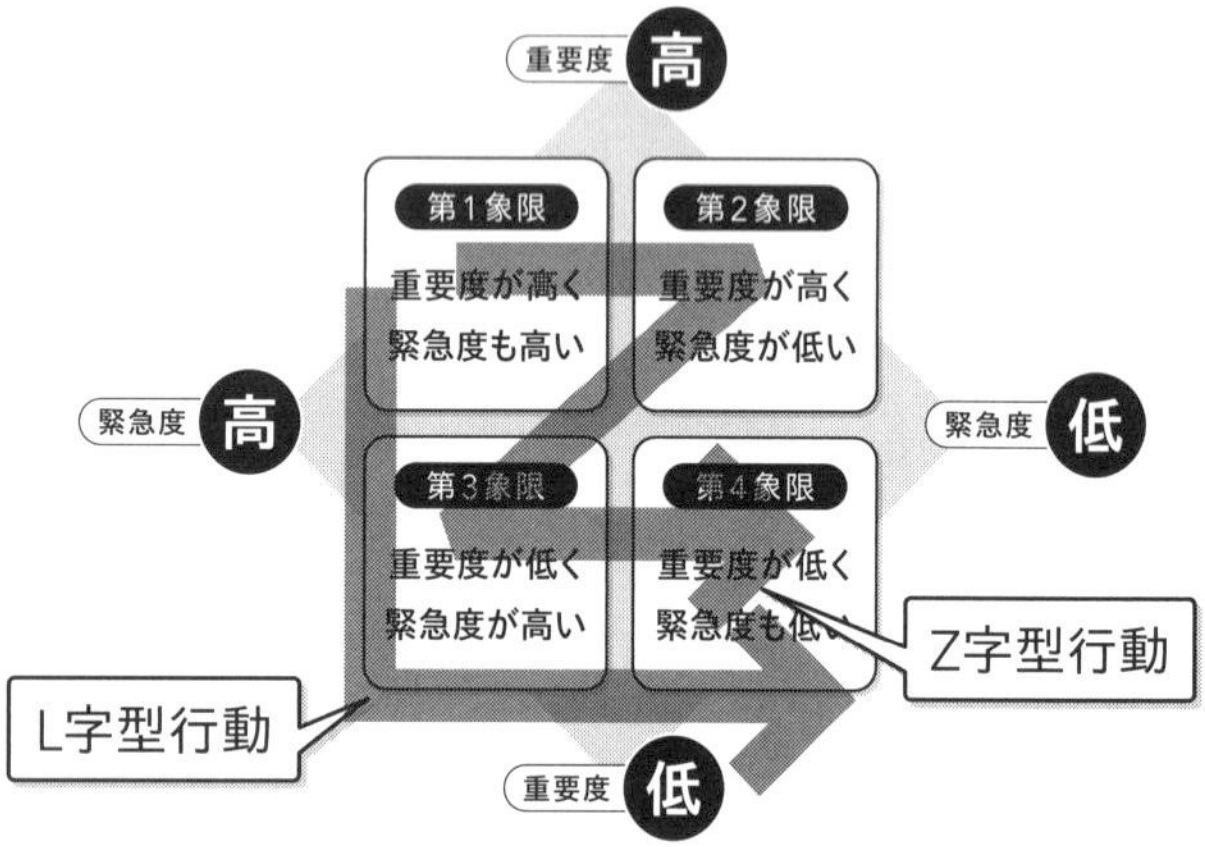


ことを考えて今に布石を打つことを行うのです。

Z字型行動を取るマネジャーは「重要軸」で生きています。

なぜなら、仕事の意識が「事前対応」の視点であるからです。**未来のために今何をすべきかを常に考えて、本来の自分がすべき仕事が第２象限の仕事であることを理解している**のです。

そして、そのためには「第１象限を委任し、第２象限を拡張し、第３象限を減らし、第４象限をやめる」ことの必要性を理解し、実行しています。

**事前対応を増やすことで事後対応が減る**

ことをわかっているからです。

これは例えるなら、予防歯科のようなものです。

定期検診や歯磨きをサボっていると虫歯になって歯医者に駆け込まなければならなくなります（＝事後対応）。ですが、予防歯科で定期的に歯医者へ通っていれば、急に歯が痛くなって駆け込む可能性は減らせます（＝事前対応）。

日頃から事前対応の仕事＝第2象限を行っていることで、第1象限を減らすことができるのです。

## ＋メンバーの成長の機会につながる仕事を委任する

L字型行動のマネジャーがZ字型行動のマネジャーになれないのは、ここまでお伝えしてきたタイム・マネジメントの原理原則を〝知らない〟のが1つ目の理由です。

2つ目の理由は、第1象限の仕事が第2象限の仕事以上に山積みだからです。結果、**第1象限の仕事を優先的にこなそうとなり、第2象限の仕事に目を向ける余裕がない**のです。

この**解決策としては「第1象限の仕事を委任する」**以外にありません。

ですが、メンバーのことを自分の駒だと認識していると、うまく委任することはできません。自分がやりたくない仕事ばかりを押しつける結果となります。

そうではなく、委任する仕事は第1象限の仕事であっても、**委任するときの目的は「それによってメンバーの成長の機会につながること」**に意識を向けなければいけません。詳しくは後述しますが、まずはその認識を持つようにしましょう。

## 第2象限の仕事を分類するための5つの視点

前項で軽く触れましたが、ここでマネジャーにとっての第2象限の仕事内容を深掘りしていきましょう。「本当はどのような業務を行うためにマネジャーは時間を確保しなければいけないのか」ということです。

1つ目は**リクルーティング**です。

営業部であれば営業職の、管理部門や非営業部門であったとしても各部署に必要な実務能力を持った人材の雇用を指します。

特に中小企業の場合はどこも人手不足で困っていると思います。ですが「人が来ないかな」と思っているだけでは来ませんので、積極的に採用を考えていかなければいけません。採用は人事や会社の仕事だと思っていてはいけません。マネジャーは自ら人を採用してくることに時間を使うことが重要です。

どのような人材をいつまでに何名を採用するのか、そのための方法論はどうするのか、といったことを検討します。

2つ目は**マーケティング**です。

これは営業部に特化した内容かもしれませんが、新規の見込み客リストを獲得するためのすべての活動を指します。

企業の売上を立てるのはやはり営業活動による顧客獲得です。アチーブメントであれば、経営者やプロビジネスパーソンが集うコミュニティを積極的に開拓したり、企業ブランドの強化にも力を入れています。

ですが、何よりも「B to F戦略（Business to FAN）」というものを大切にしており、既存のお客様のフォローや感動創造に力を入れることによりご紹介をいただくことで毎年新規顧客が増え続けています。マネジャーは率先して既存顧客のフォローにも力を注いでいます。

3つ目は**トレーニング**です。

メンバーをトレーニングし、マインド、知識、スキル、トーク力、仕事の仕方を育むことを指します。

同時にマニュアルづくりも行い、個人が属人的にしかできないものを他の人もできるようにしていくことも必要です。

営業部でも、管理部門や非営業部門でも同様に必要なことだと言えます。

4つ目は**マネジメント&モチベート（M&M）**です。

管理と動機づけを意味します。モチベートとはメンバーのモチベーション管理です。食事をしたり、1on1ミーティングを行うなど、方法はさまざまですが、メンバーがやる気になるようにコミュニケートします。

ただ、その結果として「夢に向かうためにこの会社を辞めます！」となっては本末転倒です。マネジャーがそのメンバーが持つ役割や責任を果たせるように支援し、最終的には「やるべき行動をやり切ってもらうように管理すること」が必要です。

営業部であればテレアポやルート営業をしてもらうことなどです。**非営業部門であ**

**れば、そのメンバーの職務責任、業績目標にある核となる職務に集中**してもらうことなどです。

5つ目は**同行指導**です。

隣で仕事をやってみせることです。これはとても重要で、育成というのは常に現場で行います。ミーティングや面談、トレーニングばかりしていても、最終的には現場で隣で仕事をやってみせなければ、育成にならないのです。なぜなら、そればかりではメンバーが「仕事が成功するイメージを持てない」からです。

この**同行指導を進めるポイントは、「自分の仕事」と「同行指導」を別時間で切り分けないということ**です。実際にマネジャーが何かの仕事をしている時間を「常にメンバーの育成を兼ねた時間」にすることがポイントです。

テレアポをする際にどんなトークを行っているかを隣で聞いてもらったり、実際の商談に同行させて、マネジャーがどんなふうに説明をするのか、またその道中でどのような他の仕事をしているかを見て参考にしてもらいます。

営業面談や取引先との面会があるならば積極的に隣に同席させましょう。さらに、終わったあとに「どうだった？」と感想を聞き、どのような意図で面会をしていたかなどを解説します。その上で、質問したいことがあれば質問してもらいます。

アチーブメントでは「5フィールド、5逆フィールド」という言葉があります。フィールドとは現場同行のことです。まず先輩が商談のアポイントメントでプレゼンテーションし、成約を隣の部下に見せます。それを5回見せたあとに、今度は部下が商談のアポイントメントでプレゼンテーションし、先輩は隣で補足しながら同席します。

そして、部下自身の実力で5回の成約をお預かりできたら独り立ちをします。成約に至らないことが4回連続で続いた場合、また同行フィールドに戻る流れを取っています。

非営業部門であっても同様です。プロジェクトマネジャーとしての仕事を隣で見せ、徐々にサブディレクターとしてスケジュール管理やミーティングの進行を任せるというプロセスを踏むなど、現場で育成を行います。

# マネジャーにとって最重要な第2象限は「考えること」

前項で第2象限の仕事の5つの視点をお伝えしましたが、これらを**突き詰めて考えれば「マネジャーがやらなくてもいい仕事を減らし、マネジャーが本来しなければならない仕事を実行する」**ということになります。

ですから、**マネジャーは常に自分がやらなくてもいい（委任できる）業務を「考えること」をし続けていなければいけません。**

現在、あなたが抱えている仕事の中で、自分がやる必要がない、リーダークラスやメンバーにバトンタッチできることをまず考えてみてください。

その上で、後述する「上手に委任する方法」を試していきましょう。

さらに、マネジャーが考えるのはそれだけにとどまりません。

**「未来を見据えた第2象限の内容」をいつも考える**必要があります。

L字型行動のマネジャーは常に「今」「今週」「今月」という短いスパンで仕事を考えています。少し長くても「2～3か月後」というくらいです。

それを**「半年後」「1年後」「3年後」「5年後」と長い時間軸で未来を考えるようシフトチェンジ**します。

3年後にこの組織がどうなっているか、自分のキャリアがどうなっているか、メンバーたちがどうなっているかを考えるのです。

## ＋毎日「プライムタイム」を確保する

考える具体的な内容は読者それぞれによって違うと思います。

ですが、やること自体は同じです。私の場合、常に「今月」のことも考えていますがこれは第1象限に過ぎません。さらに3か月後、6か月後、1年後、3年後の未来を考えて、部屋の中にあるホワイトボードや自分の手帳の中に書いています。

よく「いつ考えているのですか？　どのくらいの頻度で考えているのですか？」と質問をされることがあるのですが「毎日、考えています。そして大抵は朝、考えています」と答えています。

私は毎朝、出張ではなくオフィスに出勤する日であれば予定の1時間前には出社するようにしています。そして勉強や読書、オンラインでトレーニングを済ませ、その上で未来を考える時間を取っています。

スケジュールも順番に未来を見ていき、事前対応でやるべきことを書き出したり、その場で指示を出したりしています。出張の場合もホテルで考える時間を取ったり、それ以外でも喫茶店で時間を取ったりするなど、未来を考える時間は毎日確保するようにしています。

そうでなければ、私もあっという間に「L字型行動」になってしまうからです。

**大事なのは具体的な内容より、考えるための時間をマネジャーが持ち続けること**です。この考える時間を「プライムタイム」と呼んでいます。

どの範囲で考えるかは読者が経営者なのか中間管理職なのか、中間管理職でもどのくらいの権限を与えられた役職なのかで変わってきますが、**少なくとも「自分の組織の未来とメンバーの成長計画」は考える**ようにしてください。数字ばかりではなく、メンバーの成長や組織の発展について考えていることが大切です。

まずは、「プライムタイム」をスケジュールで確保することから始めてみてください。おすすめは朝です。

## 上手にメンバーへ委任するための5つのポイント

第1象限の仕事をリーダークラスやメンバーに委任するときに、雑な任せ方の例を挙げるとすると「いつまでにこれをやっておいてくれ。あとは頼んだ!」というものが挙げられます。これではダメです。

先述の通り、メンバーは自分の力量と基準で仕事をしてしまうので、マネジャーが求める結果にならないからです。さらに「マネジャーは自分がやりたくない仕事を自分に押しつけているんだ」とも思われてしまいます。

責任には**「委任責任」**と**「実行責任」**の2つがあります。

前者はマネジャーが果たすべき責任、後者は委任されたメンバーが果たすべき責任です。**委任責任を果たすときに大事なのは「誰に、何を任せるか。そのメンバーにはやり遂げられる経験や知識はあるか」を任せる側が判断すること**です。

つまり、マネジャーが委任責任を果たすためには「誰に、何を任せるか」「なぜそのメンバーに任せるか？」を意味づけしなければならないわけです。

そして、そのためのポイントが次の5つです。

## 1. 意味づけ、意義づけ

なぜその仕事をするのか、背景や目的を伝えて、その仕事がとても重要である「重要度」を伝え、理解してもらいます。

これを怠るとメンバーは「重要でない業務を押しつけられている」「マネジャーが

やりたくないから作業を押しつけている」と考えてしまいます。

例えば、リーダークラスに新人のテレアポトレーニングや定期的なアドバイスという業務を依頼するとします。

新人は、最初に基礎力を鍛えることが重要です。基礎力は活動量で決まります。まだできる仕事が少ない新人にとっては、活動量を増やすために一定量のテレアポを行うことが重要であり、テレアポのトークスキルを培うことで「面会の約束が取れるかどうか」も変わってきます。

当然、これはテレアポ業務を誰が教えるか、どのように教えるかによって新人のパフォーマンスは変わってきます。きちんと教えれば新人の活動量は増えますし、適当に教えるといつまで経っても基礎力は鍛えられません。

ですから、このテレアポトレーニングが新人の社会人生活の未来を築くほど重要なのです。このようなことを伝えて意味づけし、委任します。

## 2. 量と基準を明確にして伝える

いつまでにどうなったら委任した仕事が「成功した」と言えるのか、その基準を明確にして伝えます。任せる量の基準については、後述する「アチーブメントゾーン」を参考にしてください。

引き続き、テレアポを例に挙げます。

『4月中に新人全員がトークスクリプトを覚えてテレアポをできる状態にしてもらいたい。そして1人が1日最低3アポイントメントは継続して獲得できるようにしてもらいたい』

例えばこのように、具体的な創り出してほしい未来の状態を明確にして伝えます。

## 3. 「あなたに委任する理由」を伝える

なぜそのメンバーにその仕事を委任するのか、理由づけを行います。

「なんか君、手が空いてそうだよね。だからお願いできる?」ではいけません。

例えば、

『Bさんのテレアポがチーム内では一番うまいし、アポイント獲得の実績もある。しかもBさんのトークは他のみんなが真似しやすい再現性を兼ね備えている。教え方もうまいから、君の丁寧な教え方だと新人も育ちやすいと思う。新人育成はリーダー職にステップアップする上での大きな成長機会にもつながる。だから君の経験値やスキルをもとに教えてもらいたい』

というイメージです。

## 4.実現できる未来を示す

委任された仕事をこなすことで、実現できる未来を示します。

### 【会社としての未来】

『君のテレアポトレーニングを通してこの営業所内全体のテレアポ技術向上をはかり

たい。Bさんがこのチームで教えたあとは営業所全体を君が見て、結果的に営業所全体のテレアポ能力が向上する。そうしたら今年の新人教育は成功したも同然だ。これをきっかけに他の営業所（拠点）にも水平展開できるので全社的な新人教育にもつなげていけたら、来年以降の新人受け入れにも良い影響が生まれる』

**【仲間やお客様への未来】**

『この営業所のみんなのテレアポが上手になれば、先輩の業務を新しく新人が入ってきたときに引き継ぐことができる。先輩たちの時間が空いて助かるし、その時間を使ってお客様満足を高める活動ができて、仲間のためにもお客様のためにもなる』

**【任せられた本人への未来】**

『Bさんが今回のテレアポ指導をした功績は今後、Bさんがマネジャーになるときに昇格への大きな実績の1つとして残る。「全営業所の新人のテレアポ指導をした」ことは、マネジャーになってからも大きな自信と経験になると思う』

あくまでも一例ですが、このようにチーム・組織・企業にどのような未来が起きるか、お客様や相手先企業や仲間にどんないいことが起きるか、そして任せられたメンバー自身にもどんなメリットがあるのかを伝えます。

## 5．途中経過で求める報連相を伝える

任せても任せきりにはせず、途中経過をこまめな報連相で伝えてもらいます。そのときの報連相の基準も伝えます。

どういう状況かを適切に確認したいので、

『毎日の日報で「今日がどんな様子だったか」を報告してください』

『1週間に1回でいいから「どれくらいの活動でどんな結果が出たか」をレポートしてください』

『いつでもメールやメッセージでいいから「うまくいっていること」と「うまくいっていないこと」を逐一報告してください』

といったように、希望する報告の基準を伝えます。

すると報告を受けながら軌道修正ができますし、「マネジャーが実行していた場合に得られた成果」をなるべく早いタイミングで伝えることができます。

以上、テレアポを例に5つのポイントをお伝えしました。

**5つを実行することで、マネジャーがその場にいないのに、まるで存在しているかのような現場を作れるようになり、人を介して仕事をするマネジメント＝リードマネジメントを実現できる**ようになります。

メンバーに委任する業務によって文言は変わりますが、ベースとなる考え方は変わりません。自身の委任する業務にアジャストして活用してください。

# 委任する仕事の量と基準を決める「アチーブメントゾーン」とは？

仕事を委任するとき、**業務には「難易度」と「期日」が存在**します。任せる相手の力量に合わせて適正な量と、成功の基準をマネジャーは決めなければいけません。

そのときに参考にしてもらいたいのが**「アチーブメントゾーン」**です。

アチーブメントゾーンは3つの領域で構成されています。

1. そのメンバーにとってストレッチがかかった（適切な難易度・期日の、背伸びをすれば届く）目標の勾配を示す「アチーブメントライン（最適目標勾配）」

2. そのメンバーが伸び盛りの成長真っ盛りで、実力もキャリアもある程度あり、負

アチーブメントゾーンと委任

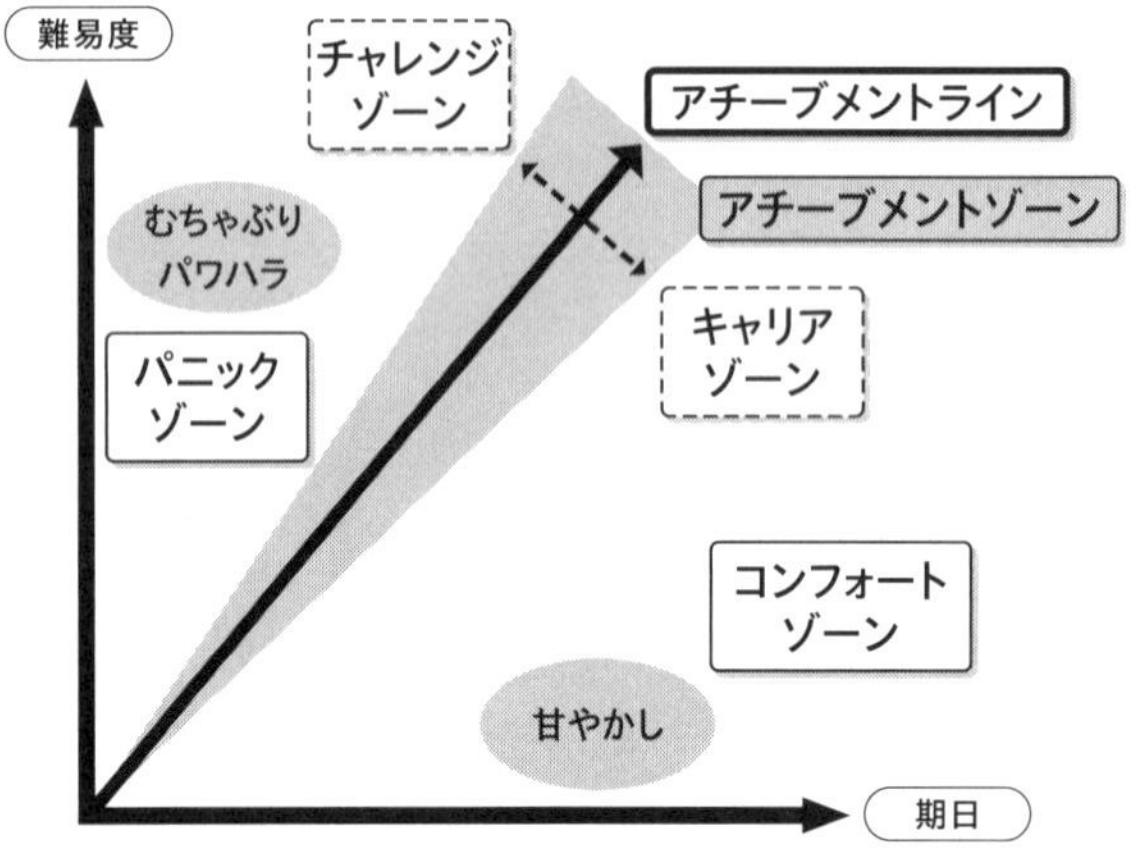


荷をあえてかけて難易度が高めのものを委任する「チャレンジゾーン」

3. そのメンバーがまだ若手だったり自信が形成されていない場合に、成長につながる領域の範囲内で負荷をかけて仕事を委任する「キャリアゾーン」

**アチーブメントゾーンは、チャレンジゾーンを上限、キャリアゾーンを下限とし、その間をアチーブメントラインが走っている**イメージです。

再びテレアポ指導を例にすると、チャレンジゾーンは「テレアポを教えるだけでなく同行まで行い、セールスのやり方を3～4人に見せられるようにする」など、キャリアゾーンは「同行はせずにテレアポを教えるだけ」などになります。

## ＋ゾーンを外れるとパニックや甘やかしになる

気をつけてもらいたいのは、アチーブメントゾーン以外にも2つの領域があり、それらはどちらもマネジメントの失敗を引き起こしかねないことです。

1つは、**とても短い期日でとても難易度の高い仕事をさせる「パニックゾーン」**です。例えばこれまで1か月で5契約しか預かれていないメンバーに「3日間で10契約成約を目指そう」と言うようなものです。

これでは目標の勾配が高すぎて、メンバーは過度のプレッシャーを感じます。パニックが起こるような気持ちになり、未達成への不安や恐怖でいっぱいになります。

たとえ達成できたとしても残る感情は「怖かった」というものです。目標を掲げることに恐怖を覚え、次は目指さなくなったり、最悪の場合は離職をします。これはマネジャーが提示する目標が高すぎることが問題です。

もう1つはパニックゾーンとは逆で、**期日に余裕があり難易度も低い「コンフォートゾーン」**です。例えば「1か月かけて1件のアポイントを取ろう」というようなものです。あるいは非営業の業務であっても「今でも行っており、できる業務だけをやらせて新たな挑戦や成長が何も必要のない難易度の目標」です。

これでは成長がありませんし、メンバーのモチベーションが上がりません。成長がない委任は「作業」という印象も強く、押しつけられた感を醸成します。

## ＋ゾーンの範疇は定性的にベストなところを判断する

このように書くと「じゃあ、具体的にどの業務までがアチーブメントゾーンの範疇《はんちゅう》なの？」と思われるかもしれません。

申し訳ないですが、定量的に「これ」とお伝えすることはできません。

ですが、一般的な観点はありますので、アチーブメントゾーンを見定めるために普段、私がマネジメントで行ってきたことを以下に記します。

## 1. 今の成果の110%〜130%くらいの幅で委任する業務を設定してみる

一般的には、適切な目標勾配は120%成長と言われるので、その前後10%程度の差の中で、本人が「いけそう！」と思える目標にしています。数字で測定できないものでも業務量120%アップなどを見定めます。例えば、メンバーがもし生存の欲求が高ければ、どちらかというと、「いけそう！」と思えるキャリアゾーンから設定してみるようにしてきました。

## 2. メンバーの持つ資源（リソース）を分析して設定する

今メンバーが持っている資源（例えば、時間在庫、保有市場、スキルやトーク、知識レベルなど）を見て、それとまったく同じ資源しか持っていないとしたら、委任された業務をどのようにまっとうするかを想像してみます。そして、「このような優先順位で取り組む」などの計画もマネジャー自身が立ててみます。それをメンバーに情報提供して、最後は本人に決めさせるのも1つの方法です。

最終的には、目標設定とチャレンジの繰り返しの中で、途中で負荷が高すぎると感じれば減らせばいいですし、少なければ増やせばいいのです。

アチーブメントゾーンの中に入っているかどうかを意識するだけでも外れにくくなるので、あとは実践で軌道修正をしていってください。

いずれにしても、「自分ができもしないことを、メンバーに自分以上に立派にやらせることは不可能」ということを覚えておいてください。

そして、繰り返しになりますが、**委任の目的はメンバーを成長させ、マネジャーが本当にやるべき仕事をするため**なのです。

## 第4章 Check List

□育成の意図を持って委任する。放任しない
□第1象限の仕事を委任し、マネジャーは第2象限の領域の仕事に移行する
□自分の仕事はできるだけ同行指導にし、同時に誰かの育成を兼ねている時間にする
□毎日「プライムタイム」を確保し、未来を考える時間を持つ
□任せるときは「なぜあなたに任せるのか」理由を伝える
□任せっ放しにせず、途中経過で求める報連相の基準を伝える
□アチーブメントゾーンの最適目標勾配の仕事を委任する

Column

## 委任するのが怖いときは「3年後の自分の姿」をイメージする

第1象限の仕事を委任するとき、マネジャーの中にはそれができない人もいます。理由は明確で、次の3つに分類できます。

①「自分でやったほうが早い」と考えてしまう：確かにマネジャーが実行したほうが、スピード感でも成果の面でも高いものを期待できます。自分でやるのでプロセスも見え、確実性が高いです。

②メンバーを無能扱いしてしまっている：「自分のほうが仕事ができる」と考えるとメンバーを無能だと思ってしまい任せられません。もしも任せて失敗したときに、自分がその尻ぬぐいをすると3～5倍の労力がかかるくらいなら、自分でやろうと考えてしまいます。

③お客様に迷惑をかけたくない：マネジャーが担当していたことで高い顧客満足度を得られていた仕事が、担当が代わることによってお客様満足度が下がったり、クレームが発生することを恐れます。

これら3つの分類を克服する方法は「3年後の自分」をイメージすることです。

かつて、私も委任できずにすべて抱え込んでいた時期がありました。そのときに社長から言われた言葉が「時間軸を伸ばしなさい」でした。

『目の前の今月、来月のことだけを考えるなら橋本が全部やったほうが確実だし、早い。でも1年、3年、5年と時間軸を伸ばして考えてみてほしい。今やっていることをやり続けた3年後には今と同じ忙しさと成果が待っている。人を育てることができれば橋本はもっと大きな仕事ができるだろう。橋本の生み出せる価値は組織の力を使うことで増幅し、タイムフリーを得

Column

られる。結果として収入が増えたり、役職や責任の範囲が広がる。橋本はどちらの3年後が欲しいか？』

その通りだと思いました。1人の人間として卓越してはいるけれど仕事に追われ続ける3年後より、次々と新しい未来に向けた布石を打つ時間を確保しながら組織の力を使って大きな価値を生み出せる3年後を求めました。

委任することは確かに怖いです。その気持ちは痛いほどよくわかります。

ですが、委任することで人は育ち組織の人材の層が厚くなります。組織の力は計り知れない大きな未来を創り出すことにつながるのです。

# 第5章

好業績と良好な人間関係を両立させる

# 「仕組み化する技術」

## 「仕組み化」で永続的な組織パフォーマンスの最大化を実現する

リードマネジメントの最後の技術は「仕組み化する技術」です。

**人材育成にだけフォーカスすれば、第1章～第4章までの内容を実践すれば人は育ち、良い水質文化の組織になっていきます。**

ただ、組織というのは常に人が入れ替わり、環境対応のために変化をしていくものです。

例えば、企業の経営戦略実現のために今活躍しているあなたの組織のナンバー2が、急に他部署の重要なポジションに異動するかもしれませんし、家庭の事情などのやむを得ない事情で離職することもあります。

あなた自身が新たな部門に異動になり、立て直しを要求されるかもしれません。

ですので「特定の個人に紐づきすぎた目標達成や組織運営」というものは、リスクがあり、決して持続可能な組織運営とは言えないのです。

**アチーブメントでは組織パフォーマンスの最大化をするためには「好業績と良好な人間関係が両立する組織を、特定の個人が入れ替わっても再現性を持って実現できることが重要」**だと考えてきました。

次のページにある図にあるように、「縦軸に業績、横軸に人間関係」を配置した場合、リードマネジメントが目指しているのは右上の組織です。

好業績でも人間関係が劣悪だと、人が育たずに一部の人だけが必死に働く構図になったり、離職が止まらない組織になってしまいます。

逆に人間関係は良好でも業績が悪いと、アットホームだったりフレンドリーだったりして組織の風通しは良いですが、お客様への価値提供に対するこだわりが不足していたりします。

未達成になりますのでメンバーの報酬アップや会社の未来投資ができません。短期

組織における成果と人間関係

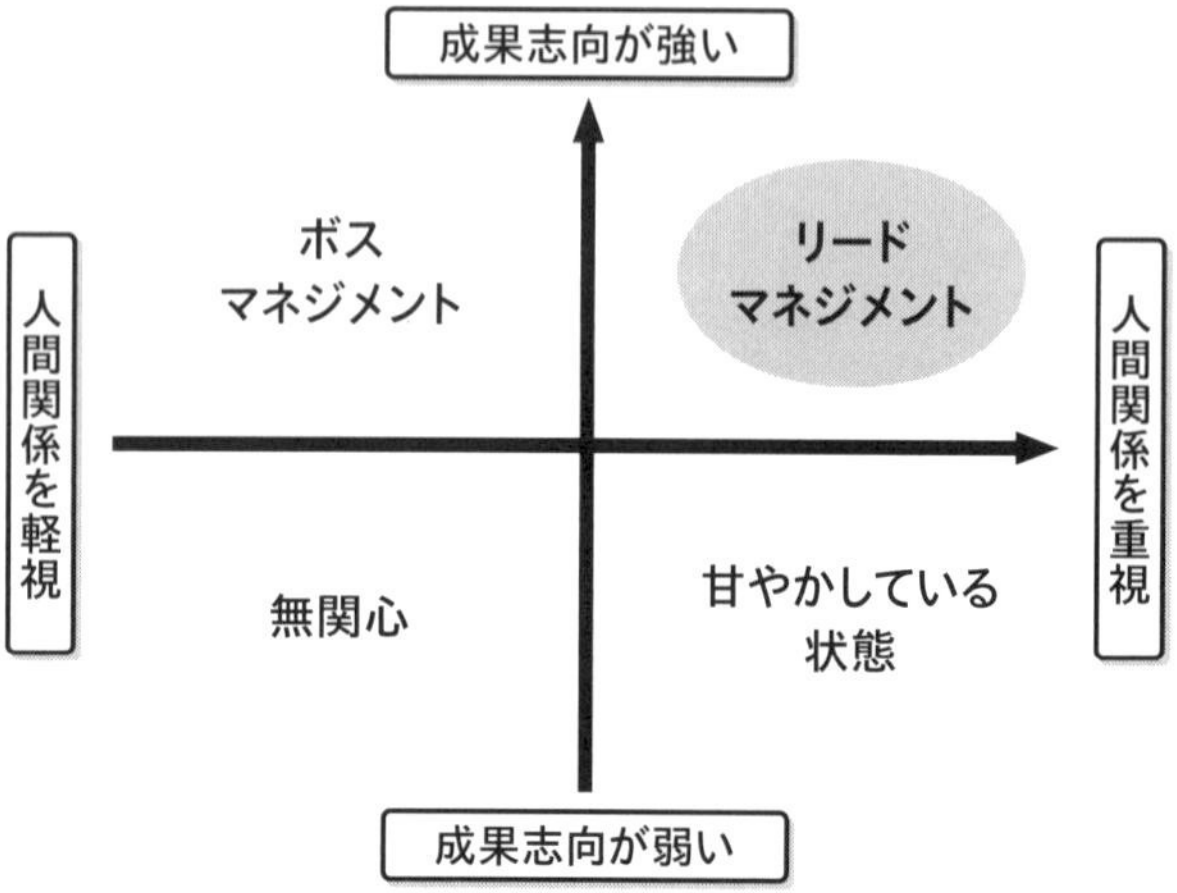


的に人間関係が良くても、長期的な生きがいや、やりがいにはつながらないかもしれません。

どちらも組織パフォーマンスが最大化しているとは言えません。

あなたの組織は現時点ではどこに位置しますか？

よろしければ組織のメンバーと話し合ってみてください。

## ＋「好業績と良好な人間関係が両立した組織」の3ステップ

好業績と良い人間関係を両立させていくためにはリードマネジメントの実践が不可欠ですが、そのために必要になるのが次の3つです。

・言語化
・共感化
・仕組み化

言語化は第3章でもお伝えしたことです。

「そもそもこの組織は何のために存在し、どういう未来を目指し、どういう価値観を大事にしているか？」「どういう人間たちの集団でありたいか？」といったことをトップが言語化します。

経営者であれば会社の理念やビジョンを言葉にすること、マネジャーが「自分たちがどういうチームを作りたいか」を明確にするのでも構いません。そして、言語化された目的や価値観を常に発信し、全員が共有できる状態にします。

共感化は第1章でお伝えしたことです。

言語化したものをメンバー一人ひとりに共感してもらうためにまずマネジャーがメンバーの上質世界に入ります。上質世界に入るためには、まずマネジャー自身の上質世界にメンバーを入れることから始めます。

そして、メンバーの目的・目標を明確にするサポートや、その実現に向けた成長支援を行うことでメンバーの思考が拡張していくので、会社の理念やビジョンにも当事者意識を持てるようになり、自分事として共感できるようになっていくのです。

最後が仕組み化です。本章でお伝えする内容です。

チーム・組織・企業としての「言語化↓共感化↓仕組み化」を回し続け、いつ・誰が入れ替わっても再現性がある状態を作ることです。

アメリカの統計学者ウィリアム・エドワーズ・デミング博士は晩年に「組織の問題の98％はシステムの問題で、2％が人の問題である」と言いました。

**好業績と良い人間関係を両立させ、継続させていくためには再現性のある仕組み＝システムにしていくことが必要**です。そして、**より良いシステムにしていくことは、マネジャーの責任の1つ**なのです。

## アチーブメントに学ぶ「メンバーが目的・目標を明確にし、成長し続ける施策」

仕組み化の方法論はさまざまにあります。

ただ、読者それぞれのチーム・組織・企業は規模感も人員も環境も異なっていると思いますので「これをしてください」とお伝えしても、必ず実践できるとは限らないでしょう。

そこで本章では、アチーブメントが「メンバー個々人が目的・目標を明確にし、かつ成長し続けること」「好業績・良好な人間関係を両立する組織であり続けること」を目的に行っている施策をいくつかご紹介します。

## ●施策1：週1回の全社会議でのバリューマネジメント

1つ目は「週1回の全社会議」です。

アチーブメントでは毎週月曜日の昼間の2時間を使って、全拠点がすべての業務をストップし、営業部門・管理部門も含めて全社会議をしています。

各拠点はオンラインでつないでいますが拠点ごとはリアルに集まり、前半1時間は連絡事項、後半1時間は役員メッセージを伝えています。

連絡事項を伝える前半では**単に情報伝達を行うのではなく、会社・商品・職業・自分に対する自信が高まる情報提供**を行います。

会社に対する自信であれば、アチーブメントが何かしらの社会的な評価を受けた事例などをシェアします。

例えば、アチーブメントがテレビ番組や他メディアで取り上げられた事例はよくシェアされます。それを聞いて全社員は会社への自信を高める機会になっています。

商品に対する自信であれば、新たな新商品が発表された際には商品開発チームから丁寧に開発の目的や「どのようなお客様に貢献するためのサービスか？」「具体的な商品の中身は何か？」などがシェアされます。

単なる売り方や値段の発表ではなく、商品への価値と確信が深まるアナウンスメントに時間を割きます。

職業に対する自信であれば、我々のような教育コンサルティング事業の成果とは、お客様の成果そのものです。ですからアチーブメントの商品を活用し、お客様に大きな成果や感動のエピソードが生まれた事例（お客様の声）などをシェアします。

過去には、アチーブメントの研修を受講してオリンピック出場が決まったアスリートや、株式を店頭公開した企業経営者からのビデオメッセージなどをシェアしました。

自分に対する自信であれば、その週に誕生日を迎える社員がいたら社長自らお花とメッセージを渡して祝福したりします。

他にも「一人ひとりが自分に対する自信を持てるような成長実感」「達成したことを紹介し、表彰」をしたりします。勤続10年が経った、結婚・出産した、というような報告でもみんなでお祝いをするのです。

後半の役員メッセージでは、社長と役員が1時間をかけてメッセージを送ります。ここでは数字やノルマの話はまったくしません。

**「誰のために、何のために、なぜアチーブメントが存在しているのか」「どういう組織でありたいか」「社会に対してどういう価値を提供したいか」の価値観**の部分や「社員のみんながいかに素晴らしいか」「みんなに期待しているマインドや仕事への取り組み方は何か」などの期待を各役員の観点から話します。

旬の話題を取り入れながら、アチーブメントの個々人に意義と価値がどれほどあるか、いかに素晴らしい存在か、メッセージを出すことにこだわっています。それが、社員一人ひとりの中での目的意識を高めることにつながるからです。

## ●施策2：営業部門会議でメンバーが学び合う

2つ目は「部署での会議」です。

週1回の全社会議のあと、アチーブメントでは営業部門だけ、さらに30分間を使ってそのままオンライン会議へと流れていきます。

ここでは数字的な話（目標数字への進捗の話）をします。

ただし、一般的な営業会議と異なるのは「Aさんは予算達成、B君は未達成……B君は今週、どうするんだ？」的な〝詰める会議〟ではないことです。

**一人ひとりに「先週1週間で成長したと思うこと」「お客様との喜びのエピソード」などを発表**してもらいます。他にも、**先週1週間で高い業績を出した人には「なぜ、その成果を出せたのか？」を発表してもらい、情報共有**を行っています。

この「成功事例の共有」はとても重要視しているものです。

各人が情報を出すことによって、そこからお互いが学び合えるような仕組みにしているためです。

数字の話でも、「全社の予算がいくらで、達成率が今何パーセントで」ということは言いません。それはマネジャーがわかっていればいい話だからです。

大切なのは「メンバーの目的・目標を達成できるような1か月、1週間にしてもらうため」に会議を行うことです。そのため「1週間、何にフォーカスしてほしいか」など、メンバーの視点に立った情報提供を心がけます。**個々人の成長と目的・目標の達成のためにすべての会議を行う前提で仕組み化**しているのです。

## ●施策3：チーム会議で目的・目標達成をアシスト&サポート

施策1と2はアチーブメントの会社としての施策でしたが、3つめの方法として個々のマネジャーが独自にチーム会議を開くこともちろんあります。定例で毎週何曜日の何時と決めている部署も多いですが、やらなくてもよいので、すべてマネジャーの裁量に任されています。

**マネジャー自身が「チームでどういう価値観を大切にし、どういうチームを作っていきたいか」を描き、言葉にします。壁に貼ったり冊子にしたりスライドにしたりして見える化し、発信**するのです。

そのようなチーム会議を週1回でも隔週1回でも構いませんので、時間を取ってやってみてください。おすすめは週の初めである月曜日です。

私のチームでは、朝8時30分から1時間で実施しています。

チーム会議の内容は、

- メンバー一人ひとりの目的・目標への立ち返り
- チーム内での好事例の共有
- 大切にしてほしい価値観のメッセージ
- 各メンバーの進捗共有
- アクションプラン（今週、絶対にしてほしいこと）への落とし込み
- 組織として取り組む課題を一斉にその場で実行する時間（書類提出など）

この中から、1時間の枠に合うように取捨選択をします。マネジャーが今週は何に重きを置くか、今のチームの状態でどれを重視すべきか、フレキシブルに内容を決定して構いません。

ただし**チーム会議の場合でも、忘れてはいけないのは「一人ひとりが目的・目標に立ち返り、行動・チャレンジしていくことを動機づけられること」**です。

チーム会議はこの目的のために行われます。個人の目的・目標達成をアシスト＆サポートするための会議であることを大目的に据えるようにしてください。

また、実施の際には就業規則や人事のルールに合わせて、使える時間を使って行ってください。必ず朝8時30分からでないといけないわけではありません。

## ●施策4：半期に一度の面談で過去と未来を話し合う

施策の4つ目は、半期に一度の上司・部下面談です。

会議のような1対多とは別に、1対1での面談も仕組み化の1つです。

面談については、成長支援や業務改善のためのコミュニケーションを目的として、日常的に実施するものもあります。

それとは別に、ここでお伝えする、**半期に一度の上司・部下面談は、メンバーの成長支援を目的に、直近の半年を振り返り、未来について話し合いをするもの**です。

アチーブメントでは10～3月の上半期の結果を取りまとめて5月に、4～9月の下半期の結果を取りまとめて11月に面談をします（4月と10月は取りまとめの期間）。

1人30分を取って、そこで年俸通知と併せて、半年間の振り返りと成長課題の明確化を行うのです。

面談ではメンバーに直近の半年を振り返ってもらいます。

そして、**目標に対して成果はどのようなもので、「良かったところ」「もっと良くできること」を自己評価**で話してもらいます。

次に、**マネジャーから「良かったところ」「期待していること」**を伝えます。

振り返りが終わったら、**これからの半年間で「どういう目標に向かい、どういう成

**長を追うか」**を話し合います。話す時間を設けることが大事です。

半期に一度の上司・部下面談は「メンバー本人の振り返りと、未来に向けた成長支援」という目的と、話す順番と項目さえ守ってもらえれば、ある程度の属人的な話し合いになっても構いません。

もしも、似たような面談がすでにある場合はそこに要素を加えてもらうか、チーム用にオリジナルで追加するのでもいいでしょう。

期間も半年に一度だけでなく、3か月に一度で実施してもらっても構いません。

## ●施策5：各フィロソフィーに基づいた個人の表彰制度

アチーブメントには「アチーブメントフィロソフィー」という7つの行動指針があることを第3章でお伝えしました。**会社としての考え方を『コーポレートスタンダード』のような冊子にして配布しているのも仕組み化の1つ**です。

そして、これを活用する方法としてアチーブメントでは、期の初めに**1年間を通し**

**て最も各フィロソフィーに生き、組織に肯定的な影響力を発揮した社員を『アチーブメント・フィロソフィー・アワード』で表彰**しています。

７つの行動指針について、３か月に１回のペースで「この３か月間で各フィロソフィーに生きた人は誰か」を仲間たちがアンケートで投票し、人事部がまとめます。そして、１年が経った時点でそれぞれのフィロソフィーで最も票を獲得した人物が「○○・オブ・ザ・イヤー」として表彰されます。

表彰された社員は「１年を通してどんなことにこだわってきたか」をみんなの前で発表します。

これは**「モデリング」という技術を活用した仕組み**です。

「アチーブメントのモデルとなる人物として誰をクローズアップするか」という考え方で表彰を行うことで「どのような人物に成長すればアチーブメント・ヒーローになれるか」を明確にしているのです。

アチーブメントは「目標達成」という結果を出している人で、さらに会社が大事にしてほしい価値観を大事にしてくれる人をクローズアップし、表彰します。

**表彰制度は水質管理に影響を与える取り組み**です。

例えば、ルールも守らないし素行も悪いし発言もネガティブだけど売上だけは高い人物がいたとします。このような場合、卓越した成果を出す能力を賞賛はしますが、素行の面については他のメンバーに真似してもらいたくありません。

そのような場合は、全社員投票でも投票に入りませんし、もちろん最終的な表彰に上がることもありません。あくまでフィロソフィーを行動で体現しているモデル社員を表彰し、登壇してメッセージを発してもらうからこそ、アチーブメントが大切にしている文化を全社に示すことができるのです。

また表彰も外部の会場を借り、みんながドレスコードをして、大きな拍手喝采とともに称えられるのです。

アチーブメントの表彰制度そのものをコピーするのは難しいかもしれません。ですが、真似してもらいたい部分だけをカテゴライズし、チーム内で表彰する仕組

人事評価におけるグレード制度

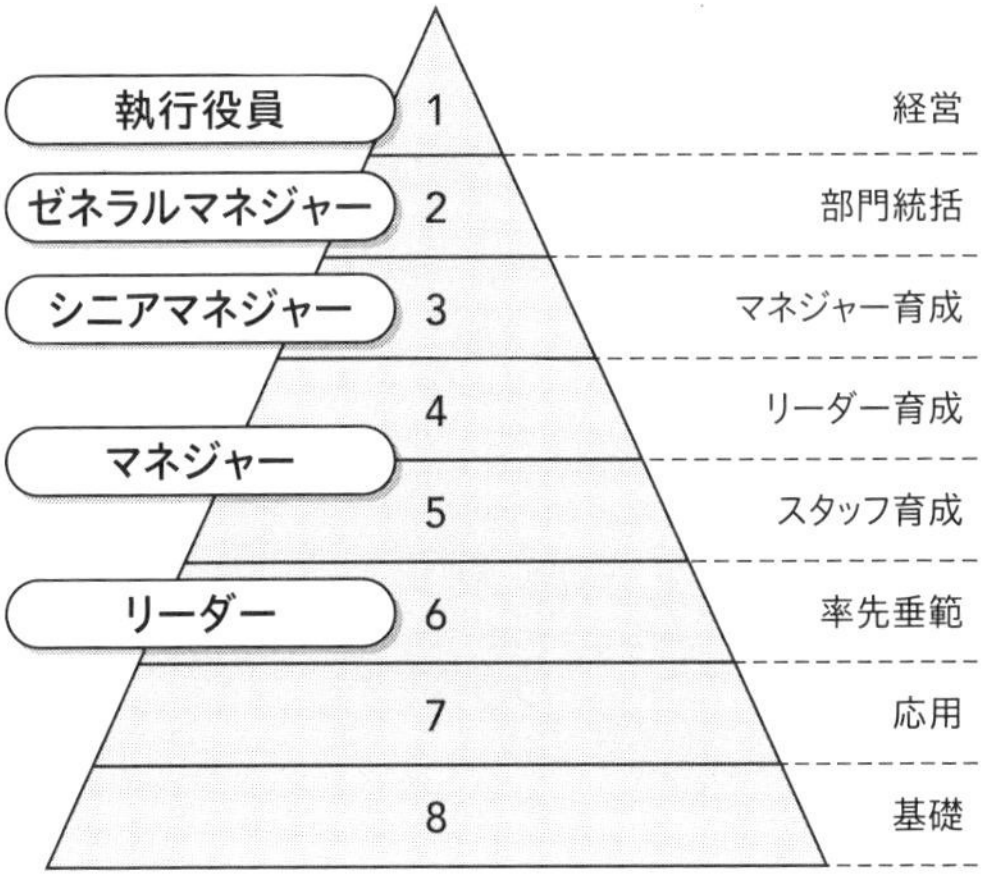


み自体は参考になると思います。

## ●施策6：成長過程をグレード制度で明確にする

6つ目の施策は人事評価制度です。人事評価制度についてはすでに社内に整備されている企業（読者）もあるかもしれませんが、アチーブメントではこれが「グレード制度（等級制度）」になっています。

グレード8は基礎、グレード7は応用、グレード6は率先垂範、グレード5は少人数マネジメント、グレード4は上級マネジメント……と上がっていきます。

入社した全社員はグレード8から始まり、グレード1を目指します。

さらに各グレードには中身があります。

例えば、営業部のグレード8（基礎）であれば、

「すべての商品についての利点と特質を言葉で説明できる」

「能力開発や人材育成に関する成功哲学や、選択理論心理学の書籍の読破をしており、基礎知識がある」

「1か月で24人のアポイントメントを新規で取れる行動量を担保できるスキルがある」

「プレゼンテーションで3人に1人はご契約をいただけるプレゼンスキルがある」

などです。ノウハウやスキルなどの成長テーマを明文化しているのです。

**各グレードで求められる「何ができるようになっているか」が明確なことで、マネジャーとメンバーはこれを〝共通言語〟にして会話**ができます。

例えば、新人のC君に「本気でやっていたら誰かが見ていて君を引き上げてくれる

から本気を出してがんばれ」などのように漠然とした基準でアドバイスすることはありません。

「グレード7のマインド、ノウハウ、スキルの中で、何がすでにできていると思っていて、逆に何が成長課題だと思っているか？」を自己評価で本人に考えてもらった上で、すでに言語化されている共通基準でフィードバックすることができます。

マネジャー側も「私から見たらこの知識が必要だね」「この活動量が低いから高くしたほうがいいね」という、事実をもとにした会話ができます。

ですから、具体的な指示をするときでも「これからの半年間は『24人のアポイントを落とさずに行動する』という活動量をあなたの成長テーマにして取り組んでいきましょう」と言えるのです。

メンバーにとってのストレスは「上司によって評価基準が違う」「同じ上司でも毎回昇格に必要な基準が違うこと」です。誰が上司でもグレードが上がるためには、共通の基準をクリアしていけるように公平性を保つことが大切です。

第2章でメンバーの考え方や知識、仕事のスキルなどの面での成長、さらにマネジャーが未来への育成のデザインをすることについてお伝えしました。

**グレード制があることでマネジャーは個々のメンバーの「成長課題」を明確にし、本人に成長を意図した目標設定や情報提供、機会提供をすることが**できます。言ってみれば練習メニューを与えているのと同じです。

**メンバー側も「行動＝右手」が明確になるので効率良く行動できますし、結果としてパフォーマンスが上がる**のです。

## ＋自社のチーム・組織に合ったものからスタートする

細かく言えば、まだまだ書き切れないほど高業績と良好な人間関係を両立させ続けるためにアチーブメントが取り組んでいることが存在します。

例えば、

・福利厚生の一環で、自社の目標達成研修をお客様と同じように全社員が受講し、個人の人生設計や達成スキルを学ぶ研修を受講できる
・3か月に1回は、全部門が3か月間の取り組みをプレゼンテーションし、笑いあり涙ありの1日を過ごす「キックオフ会議」を行う
・マネジャーにはメンバーの達成を労ったり、チームの絆を深めることに使える「達成支援金」が定額で支給され活用できる
・過去に殿堂入りした営業記録をまとめた「レジェンドポスター」が全国拠点に貼られており、メンバーはその記録を超えたらポスターに自分の顔が載る

大事なのは、まずやってみることです。

アチーブメントは今も毎日、試行錯誤を繰り返しています。

企業理念が「上質の追求」であることもあって、常に改善・最善を繰り返し、「もっと良い仕組みはないか？」と各部門が工夫をしています。

## 一人ひとりが目的・目標に立ち返るための「朝礼」から始めてみる

これらアチーブメントの仕組みや取り組みの中で、明日から始められるものとして私がおすすめしたいのは「朝礼」です。

一般的に朝礼と言えば上意下達《じょういかたつ》で、上の者の意見や考えを下の者に間違いなく円滑に伝えるために実施されます。時間は10〜15分というところでしょう。

ですが、アチーブメントの朝礼は違います。**「一人ひとりが目的・目標に立ち返る機会」になることを目的に、毎日30分かけて行う**のです。

読者の中にはリモートワークが主だったり、会議の時間があまり取れなかったり、会議があっても連絡だけで終わるのが通例のところもあると思います。なかなか仕組みを変えることは難しい場合もあるでしょう。

それならば、毎日の朝礼から始めてみてください。

まず、アチーブメントでのやり方をご紹介します。

最初に理念の唱和を行います。その後、営業部であれば昨日の成果報告をします(成果は事前にホワイトボードに書いてあります)。

例えば「田中様に3日間のATC講座にお申込みいただきました。担当・佐藤」と書いてあるとします(名前は仮名)。すると「佐藤さんがATC講座のご契約をお預かりしています。おめでとうございます!」と**全員で拍手**をします。

拍手が終わったら、担当者が前に出て「ありがとうございます。田中様は、このようなご縁で出会い、このような思いを持った方で、こういう理由で今回参加を決めてくださいました。担当者としてしっかりフォローします!」というように発表します。これをメンバー1人につき20~30秒で行います。

**報告によって、どんなお客様がどんな理由で自社を活用してくれているかの事例共有**ができます。メンバーの**「自分も発表できるようになりたい」という動機づけにも**

**なりますし、「お客様に喜んでもらえる商品だ」という商品への自信**もつきます。

成果報告が終わったらシェアタイムを取ります。「今週のシェアテーマ」が社内にあり、それをシェアするのです。例えば「あなたの入社動機は何ですか？」の項目があれば、それをメンバー同士、隣の人と3分くらいで話をします。

入社動機以外にも、テーマとしては「あなたが今月最も達成したいことは何ですか？」「あなたの第2象限は何ですか？」などがあり、定期的にテーマを変えて行います。

**目的・目標を明確にして自分の思考と行動をそちらへ向けていくための施策・仕組みの1つが「問いかけ」**です。そして**シェアをすることで頭の中で考えて明確にする機会**にもなります。

シェアは雑談ベースの会話で構いませんので、近くの人かあまり話したことがない人と2人1組か3人1組で行います。

シェアが終わったら2～3人を指名して、シェアテーマについて話したことを全体へ発表してもらいます。積極的に手が挙がる場合は指名する必要はありませんが、手が挙がらないときはマネジャーの裁量で指名します。

最後に、朝礼に参加している上位役職者が皆の話を聞いた上での締めのメッセージを言います。

アチーブメントではこの朝礼を議事録に録《と》って全拠点に配信し、参加できていない人も後日、見られるようにしています。

## ＋ 欠かしてはいけない「1日の流れ」と「最重要目標」のシェア

先述の朝礼が終わったあとに、アチーブメントではさらに4~5人の小チームに分かれて円になり、個々のスケジュールと目標をシェアする朝礼を行います。

全体の朝礼が終わったあとに課ごとの朝礼をするイメージです。

ここでは**メンバー一人ひとりの「今日1日の朝から夕方に帰るまでのスケジュール」と「今日の最重要目標」を発表**します。

最後に全員で「今日もがんばろう！」と唱和して朝礼は終わります。

この朝礼を行うことで、メンバーの中には今日1日の流れと最重要目標を考えておかなければならない気持ちが醸成されます。自然と考えを巡らせるようになり、**一人ひとりが目的・目標にフォーカスするような育成の機会になる**のです。

正直、ここまでお伝えした内容で〝お腹いっぱい〟だと思います。

私はすでに慣れてしまっているので長さが気になりませんが、確かに新人が入ってきたときに最初は驚かれます。ただそれでも、アチーブメントは採用時からベクトルを合わせているのですぐに慣れてくれます。

あなたが行う場合でも**「連絡事項の共有」「テーマを設けてのシェアタイム」「マネジャーのまとめメッセージ」「今日1日の流れと最重要目標のシェア」くらいまででも構いません**ので、始めてみてください。15分でもできますので、ぜひやってみてほしいと思います。「今日1日の流れと最重要目標」は左手と右手が明確になるので、特におすすめです。

本章ではアチーブメントの例をもとに仕組み化の話をお伝えしてきましたが、リードマネジメントを活用して好業績と良好な人間関係を永続的に両立させるためには、やはり仕組み化が大事です。

**仕組みを作るためにはまず始めてみて、継続し、習慣化して「やることが当たり前」にしていくこと**が必要です。

その第一歩を、あなたが踏み出してください。

\ 第5章 /
Check List

- □組織の目的目標を言語化し、共通言語としてまとめる
- □メンバーが常に目的・目標に立ち返り、言葉にする場を設ける
- □マネジャーは「バリューマネジメント」で価値観を全体にメッセージする
- □モデルとなる人材を表彰する機会を作る
- □朝は今日1日の流れと最重要目標を明確にしてスタートする

Column

## 完璧なマネジャーはいない、完璧なメンバーもいない

私がマネジメントの暗黒時代にいたとき、社長から「橋本のもとで働いているメンバーは幸せになっているか？」と問われたことがあります。私は答えられませんでした。

「数字が上がっているか？」「目標達成しているか？」と問われたのではないのです。「幸せになっているか？」という問いに、社長がマネジャーに本当に求めていることを感じました。

そして『メンバーの後ろにはご両親やご家族がいることを忘れないように』という言葉をもらいました。

私にも娘と息子がいます。もしも彼らが社会に出て、どこかの企業に就職したとして、そのときにどんな上司についてもらいたいかを考えることがあります。

個人的にはちゃんと叱ってくれる上司がいいですね。「これは社会人としては良くないことなので、改善のために報告書を書きましょう」と叱る意味や意義を言ってくれる上司。同時に「でも、あなたには素晴らしい可能性があります。必ずできるのでがんばりましょう」と成長を信じてくれる上司に、どうか巡り合ってほしいと父親として思います。

では、そんな自分は果たしてメンバーにとって「どんな上司」なのだろう？

私はこれまでに何度も「完璧・完全な上司」を目指そうとしてきました。ですが、その度に不完全な自分を思い知らされ、打ちのめされてきました。

メンバーに対して「こいつは無理だろう」とあきらめている自分、「こいつとは合わない」と捌《さば》いている自分、「どうせいつか辞めるだろう」と認めていない自分——それを隣でメンバーの親御さんがモニターしていたら私はどんな上司に見えたでし

Column

ょうか。

社長の言葉を受けて、私は「もっといい上司になろう」と思いました。そして今、思うのは「最善・改善を追求し続ける上司」になることが大事だということです。

完璧な上司はいません、完璧な部下もいません。だから良くしていくことをあきらめない、追求し続ける上司になるのがベストだと思うのです。

マネジャーは中間管理職としてチームのメンバーを会社に決められ、配属されます。ですからマネジャーはメンバーを選べないかもしれません。ですが同時にメンバーも上司を選べないのです。配属された上司のもとで花を咲かせるしかありません。

つまり、マネジャー次第でメンバーの人生が変わるのです。

それならばマネジャーとして完璧・完全でなくてもいいから、より良い自分に成長し続けるマネジャーではありたい——それが最高の上司なのだと私は考えています。

おわりに

## ◎マネジャー自身が自分に期待し、成長し続ける

最後まで読んでくださり、ありがとうございました。

リードマネジメントは「メンバーの成長を通して組織パフォーマンスを最大化すること」を目指すマネジメント手法です。

成長とは個々人の目的・目標の達成であり、マインド・ノウハウ・スキルの向上のことですが、最終的には人が育っていくことでマネジャーの時間は未来投資に使うことができ、組織パフォーマンスも上がっていきます。

最後は、少し視野を広げてみましょう。

マネジャーは〝そのチーム〟におけるトップです。ですが、マネジャーにもその上に上長がいます。上長にとってはあなたもメンバーの1人であり、あなたが自分のチームのメンバーに成長してもらいたいと思うように、上長もあなたにも成長してもらいたいと考えています。

ということは、成長はチームのメンバーだけのものではない、ということです。


私はこれまでにたくさんの壁にぶつかってきました。

組織としての目標達成はしていても、メンバーから嫌われる、離職（退職）される、異動される、体調不良になる、「私がダメですみません」と自己否定されることが続出しました。私も、メンバーにモノを言えなくて自信を失っていきました。

そんなときに私を支えてくれたのは、私の成長を信じてくれていた社長や当時の上司からのリードマネジメントに基づく関わりでした。それがあったから壁にぶつかっても成長し続けることができたのだと思っています。

マネジャーという仕事は、時に孤独を感じる仕事です。

チームの責任を、小さな背中に1人で負わなければいけないときもあります。

そんなときに「会社のせいだ」「社長のせいだ」「メンバーのせいだ」と、自分以外の原因で今の事態になっていると思うと成長しません。そうではなく「100%、今の自分の心の投影である」と捉えて踏ん張れる人が成長します。


それは自己を否定することとは違います。

むしろ「自分がより良く成長すれば必ず状況は良くなる」という期待を自分にかけ続けることです。マネジャーがメンバーに伝えている「可能性を見ていく関わり」を自分自身にも向けることが大切です。

「逆境は、成功の前奏曲である」という言葉があります。

もしも今、マネジメントで壁にぶつかっていたとしても、乗り越えた数年後に振り返ったときに「なぜあんなに悩んでいたのか」と思えるほど成長を感じる日が来るはずです。

世の中には「自分は悪くない、部下が悪い（部下が問題）」と考えている上司も少なくありません。

ですが、あなた自身が本書を手に取り、最後まで読んでくださったということは「どうやったら自分はもっと良いマネジャーになれるか」を考え、自ら情報を掴みにいった証拠です。

つまり、マネジャーとして成長する気持ちがとても強いということです。

そこに自信を持ってください。私は、そのような気持ちを持った上司のもとで働く部下は幸せ者だと思います。

あなたがぶつかっている壁は、今後あなたの部下が成長し、マネジメントの〝運転〞を始めたときに同じようにぶつかる壁です。

今度はあなたがマネジメントについて分かち合い、多くの部下のさらなる成長を手助けしていってくれることを願っています。

最後に、私からのメッセージです。

『人は変えられない、でも人は変われる』
この本を読んだ時点であなたは変わる第一歩を踏み出しています。
あとは、勇気を持って実行していってください。

この本をまとめるにあたり、青木仁志社長、佐藤英郎相談役、当時マネジメントを学ぶきっかけをくださった村田泉さん、そして共にチームを作ってくれているメンバーたち、日頃リードマネジメント講座で研修を受講し学んでくださっている受講生の皆様に、心より感謝を申し上げます。
また、本書をまとめるにあたり多くの時間を割いてくださった小澤由利子さん、森本和樹さん、岡口瞳美さん、そして日頃支えてくれている妻の喜子や家族に、ありがとうを伝えたいと思います。

2024年8月　　橋本拓也

# 参考文献

『グラッサー博士の選択理論』ウイリアム・グラッサー（著）、柿谷正期（翻訳）／アチーブメント出版
『テイクチャージ 選択理論で人生の舵を取る』ウイリアム・グラッサー（著）、柿谷正期（翻訳）／アチーブメント出版
『モチベーション3・0 持続する「やる気！」をいかに引き出すか』ダニエル・ピンク（著）、大前研一（翻訳）／講談社
『マネジメント―基本と原則』ピーター・F・ドラッカー（著）、上田惇生（編訳）／ダイヤモンド社
『孟子／上下』小林勝人（訳注）／岩波書店
『経営者の役割』C・I・バーナード（著）、山本安次郎（翻訳）／ダイヤモンド社
『デミング博士の新経営システム論』W・エドワーズ・デミング（著）／エヌティティ出版
『道をひらく』松下幸之助（著）／PHP研究所

橋本拓也（はしもと・たくや）

アチーブメント株式会社 取締役営業本部長。トレーナー。千葉大学卒業後、2006年アチーブメント株式会社に入社。入社1年目で新規事業の責任者に抜擢され家庭教師派遣事業を立ち上げるも、5年で事業閉鎖。2008年よりメンバーマネジメントに携わるが、異動・退職などが多く、7年間マネジメントの無免許運転期間を過ごす。

その後、世界60か国以上で学ばれる「選択理論心理学」を土台にしたマネジメントに取り組み、マネジメントが激変。メンバーおよび組織の飛躍的な成長を創り出し、2021年に新卒初の執行役員、2022年に取締役に就任。

現在は130人以上のメンバーマネジメントに携わる。2023年に開講したマネジメント講座は1年でシリーズ累計1000人以上が受講。また、企業経営者や管理職、ビジネスパーソンらが年間1.8万人以上受講するセミナー『頂点への道』講座シリーズのメイン講師を務める。これまでに研修を担当した受講生は2万人に上る。

**アチーブメント出版**

X（旧Twitter）　@achibook
Facebook　https://www.facebook.com/achibook
Instagram　achievementpublishing

より良い本づくりのために、
ご意見・ご感想を募集しております。
左記QRコードよりお寄せください。

# 部下をもったらいちばん最初に読む本

## 人と組織のパフォーマンスを最大限に引き出す仕事術

2024年（令和6年）9月12日　第1刷発行
2025年（令和7年）6月20日　第12刷発行

著　者　橋本拓也

発行者　塚本晴久
発行所　アチーブメント出版株式会社
〒141-0031 東京都品川区西五反田2-19-2 荒久ビル4F
TEL 03-5719-5503／FAX 03-5719-5513
https://www.achibook.co.jp

ブックデザイン　池上幸一
編集協力　廣田祥吾
DTP　株式会社キャップス
校正　株式会社ぷれす
印刷・製本　株式会社光邦


ISBN978-4-86643-161-1